AF345717

BIENESTAR EMOCIONAL EN LAS ORGANIZACIONES

MARÍA JOSÉ ALDUNATE

www.bienestarorganizaciones.guiaburros.es

Diseño de cubierta: ©Andrea Fernández Rodríguez (EDITATUM)
Maquetación de interior: © EDITATUM

Primera edición: Octubre de 2020

ISBN: 978-84-18429-12-5
Depósito legal: M-28013-2020

IMPRESO EN ESPAÑA/ PRINTED IN SPAIN

Si después de leer este libro, lo ha considerado como útil
e interesante, le agradeceríamos que hiciera sobre él una
reseña honesta en Amazon y nos enviara un e-mail a
opiniones@guiaburros.es para poder, desde la editorial,
enviarle **como regalo otro libro de nuestra colección.**

Agradecimientos

A mi estimado equipo:

Gestores y gestoras de asistencia familiar de DKV Seguros, por demostrarme que la mayor motivación es que nuestro trabajo aporte algo bueno a la vida de las personas.

Sobre la autora

 **María José Aldunate** nació en Argentina en el año 1972. Es licenciada en Psicología por la Universidad Autónoma de Barcelona, ciudad en la que vive desde el año 2002. Profundizó en el estudio de las organizaciones, el capital humano, la psicología del trabajo y se formó en los métodos del *coaching* organizacional en el Colegio Oficial de Psicología de Catalunya. Con una amplia experiencia en la gestión de equipos en diferentes ámbitos y sectores, desarrolló diversas iniciativas para humanizar los entornos laborales.

Actualmente trabaja en DKV Seguros como Responsable de Asistencia Psicológica y de los Servicios de Atención al Duelo. Coordina un equipo de cincuenta personas distribuido por todo el territorio nacional que tiene como cometido acompañar a las familias que han perdido a un ser querido, terreno en el que, como ella misma afirma, no se puede fallar humanamente. Puso en marcha diversos proyectos de humanización en los que las personas siempre son las protagonistas y trabaja para que el Bienestar Emocional en los entornos laborales sea una prioridad dentro de las organizaciones. Ha escrito numerosos artículos profesionales en diversos medios, impartido conferencias, colaborado en revistas, periódicos y radio sobre distintos temas en torno a la psicología. En el año 2012 publica *Un espejo vacío, viaje poético hacia las entrañas del Alzheimer*, con la colaboración de la presidenta de "Alzheimer Catalunya Fundació" y que forma parte de las bibliotecas de la Fundación Pasqual Maragall de Barcelona y Reina Sofía de Madrid.

Índice

Prólogo

Para mí es un honor y un placer prologar este libro que tienes entre tus manos.

Era a finales del año 2017 cuando conocí a María José Aldunate en el Colegio Oficial de Psicología de Cataluña. Yo formaba parte del equipo de diseño y profesorado del Programa Formativo y Experiencial en Psicología *Coaching* en su primera edición. El encuentro se produjo en ese maravilloso espacio formativo y relacional de interacciones, aprendizajes y transformaciones. Cronológicamente han pasado pocos años; desde el punto de vista cuantitativo podrían parecer insuficientes para afianzar una relación personal y profesional sólida y madura. Sin embargo, en tiempo kairológico (ese instante de oportunidad donde algo especial sucede desde una naturaleza cualitativa) es como si nos conociéramos desde siempre.

Dicen que la vida transcurre en las intersecciones, ese espacio intangible donde nos cruzamos con algo o alguien que nos saca de nuestra zona de confort y nos permite seguir creciendo y avanzando. Fue ahí, en una de esas intersecciones, donde María José se cruzó en mi camino para mostrarme su fiel compromiso con nuestra profesión, la psicología y el bienestar emocional de las personas.

De ese momento *kairós* surge hoy este prólogo: una invitación a conocer una propuesta metodológica innovadora, disruptiva y transformadora, para organizaciones orientadas al nuevo paradigma donde el Bienestar Emocional se configura como eje constructivo de una nueva economía.

María José es una excelente profesional de la psicología, compartimos la convicción de la importancia de la figura del psicólogo/a en las organizaciones para facilitar y acompañar el bienestar de las personas. Mujer empoderada, innovadora, intuitiva, comunicativa, empática, humilde, al servicio de su propósito y de la vida, con una gran capacidad para implicar a las personas y avivar sus dones y talentos, acompañándolas a ocupar su mejor lugar en los equipos.

Bienestar emocional en las organizaciones llega en un momento histórico, sumamente complejo a todos los niveles: sanitario, económico, social, laboral y cultural. La Covid 19 ha servido, entre otras cosas, para poner de manifiesto que aquello que considerábamos como cierto e inamovible en realidad era una ilusión. La incertidumbre, o lo que es lo mismo, la imposibilidad de tenerlo todo bajo control, nos ha abierto los ojos y nos interpela sobre la necesidad de buscar y promover el bienestar en todos los ámbitos de las personas y la sociedad.

Las organizaciones son parte activa en esta transición hacia el nuevo paradigma, conectando profundamente con su propósito de servicio y comprometidas con el empoderamiento individual y colectivo. Organizaciones que toman conciencia de la necesidad de abordar aquellos aspectos intangibles que tienen que ver con la salud emocional de manera transversal, llegando a todas las áreas de la empresa y todas las personas vinculadas a ella.

María José ha leído la complejidad del momento presente para transformarlo en una oportunidad y desarrollar una propuesta plenamente en sintonía con su propósito. Este libro es fruto de este maravilloso proceso creativo, de estar al servicio de las personas desde su empoderamiento para facilitar un mayor bienestar.

Es en esta nueva realidad que María José, con su vocación de servicio, nos propone un modelo de bienestar emocional en las organizaciones: la **Unidad de Bienestar Emocional (UBE)**. ¿Qué aporta de novedoso este modelo en relación con otras iniciativas presentes en algunas empresas? Se trata de un modelo innovador, holístico y transversal.

Innovador. Es un modelo con entidad propia, con una estructura definida, un plan de desarrollo específico, funcionalmente independiente y dotado de herramientas y recursos. No depende de ningún otro departamento ni está circunscrito a un plan mayor.

Holístico. Abarca toda la dimensión humana y organizacional.

Transversal. Acompaña, en lo que a las emociones y los aspectos psicológicos se refiere, a todos los departamentos de la empresa en sus procesos, servicios y operaciones, así como a las relaciones en todos los canales de comunicación, tanto interna como externa.

Con una exposición clara y ordenada, sustentada en años de formación y de praxis profesional, así como en una dilatada experiencia coordinando equipos, argumentada en la investigación científica, tomando como referencia la diversidad de enfoques y modelos psicológicos (humanista, cognitivo, psicología positiva), así como en la exploración de corrientes del *management*, la fisiología, la medicina y la filosofía, su autora nos invita y nos guía en un viaje riguroso y a la vez placentero por cómo las organizaciones pueden ser parte activa en la humanización de las relaciones profesionales y construir entornos emocionalmente saludables. Toma como elemento clave un liderazgo enfocado en el bienestar, que apuesta por potenciar las emociones positivas, la realización personal, el propósito y el sentido de pertenencia, finalizando con un protocolo de implementación del modelo **UBE (Unidad de Bienestar Emocional)**, abierto a ser adaptado a todo tipo de organizaciones que quieran potenciar y facilitar la salud y bienestar de forma holística y contribuir a una sociedad más humana.

Bienestar Emocional en las Organizaciones está llamado a ser un referente que ofrece respuestas concretas en estos momentos de incertidumbre y cambio. Este libro es una propuesta que contribuye de manera efectiva a impulsar organizaciones más humanas, sostenibles y prósperas. Un libro eminentemente práctico y experiencial que te permitirá implementar un modelo innovador, disruptivo y transformador.

Si quieres ser motor de cambio y parte activa en la co-creación de organizaciones emocionalmente saludables que apuestan por el bienestar de las personas, encontrarás respuestas concretas y efectivas en este libro. Si buscas un modelo de salud emocional riguroso y aplicable, en este libro encontrarás las bases y líneas de actuación para implementarlo. Si crees en las organizaciones como sistemas vivos, interconectados, capaces de generar cambios transformadores, este libro es para ti. Te invito a leerlo, a disfrutarlo y ser parte activa de la transformación.

Teresa Rodeja
Consultora de Organizaciones Saludables
Psicóloga experta en *coaching*. (Acreditada por el Colegio
de Psicología de Cataluña).

El mundo en *shock*

Cuando creíamos que teníamos todas las respuestas,
de repente cambiaron todas las preguntas.
Mario Benedetti

En los últimos años la preocupación por el bienestar y la felicidad se ha extendido hacia diversos sectores y disciplinas. La economía, las empresas, las políticas públicas, la sanidad e incluso la arquitectura, plantean un giro hacia un modelo cuyo objetivo principal no es el crecimiento económico, sino la optimización del bienestar humano.

Un ejemplo de esta tendencia es que hay organizaciones internacionales que desarrollan estrategias para medir el nivel de felicidad de la población, como las Naciones Unidas, que publica el Informe de Felicidad Mundial (*World Happiness Report*), el cual mide cómo evoluciona la felicidad de la ciudadanía en 156 países.

Es evidente que asistimos a un creciente interés por las emociones y los aspectos psicológicos en todos los ámbitos. Numerosos estudios avalan la importancia de dedicar esfuerzos en esta materia. Hay quien habla incluso de una nueva revolución, un cambio radical de paradigma en la gestión de las organizaciones.

De hecho, en los últimos años se han multiplicado las investigaciones sobre el impacto del factor emocional en las empresas y el trabajo, y han llegado a la conclusión generalizada de que las emociones y el estado de ánimo afectan directamente al rendimiento, a la toma de decisiones, la creatividad, la capacidad de colaborar, la iniciativa y la motivación.

Page Executive, en el marco del estudio "Ocho tendencias para ejecutivos 2019", señala la necesidad de poner el foco en la salud emocional, incluyendo sobre todo a los altos cargos y directivos que son quienes más padecen ansiedad, depresión y estrés. Este mismo informe indica que alrededor de 300 millones de personas sufren problemas derivados de un mal cuidado de la salud emocional.

El estudio no deja lugar a dudas: es fundamental fomentar la cultura de la empatía y el entendimiento en las organizaciones, desarrollar mecanismos estables para crear ambientes en los que pueda tratarse cualquier tipo de problema derivado del trabajo o de circunstancias personales.

Este interés se ha visto potenciado por la gran crisis sanitaria del Covid-19, que ha puesto de manifiesto la importancia de ocuparnos de los aspectos emocionales y psicológicos de la gente, dado que son claves para la salud, el bienestar y nuestra capacidad de adaptarnos a situaciones drásticamente diferentes.

La pandemia golpeó con fuerza nuestro modelo social y económico, enfrentando a las organizaciones al reto de —entre muchas otras cosas— dar respuesta a cuestiones de la esfera psicológica de sus plantillas y sus grupos de interés. Desde las dificultades de compatibilizar el teletrabajo con la vida familiar, gestionar los equipos remotos y cambiar los códigos a los que estábamos acostumbrados, hasta enfrentar cuestiones muy complejas y potencialmente traumáticas como el aislamiento social, la incertidumbre sobre el futuro, el miedo al contagio, la imposibilidad de acompañar a los seres queridos que enfermaron y también de despedir a los que murieron.

No cabe duda que un evento de tal magnitud producirá secuelas psicológicas que tendrán repercusión en todos los ámbitos de la vida; eso incluye el entorno laboral, y las empresas también deberán estar preparadas para dar las respuestas adecuadas a estas necesidades.

Un estudio realizado por la Universidad Complutense de Madrid afirma que una de cada cinco personas que vive en España sufrirá estrés postraumático, ansiedad y depresión cuando se acabe el confinamiento y se controle la situación. El informe constata el hecho de que estos resultados son similares a los obtenidos en otros países del mundo.

La concejal de salud del ayuntamiento de Barcelona va más allá y afirma que ya tenemos una crisis de salud mental sin precedentes. Alerta de las consecuencias psicológicas de la pandemia y de la necesidad de abordar esta situación a tiempo, para lo cual ha anunciado un plan de choque de un millón y medio de euros.

Dado que las empresas están formadas por personas, esta crisis las afecta en todas sus dimensiones, y si hay una lección que nos deja esta experiencia mundial tan desconocida para quienes la estamos viviendo, es que no podemos permitirnos seguir viendo a las personas como números o recursos y dar la espalda a la gestión humana de las organizaciones. Se impone un giro radical en el liderazgo, una gestión de "servicio" que empodere a las personas para que puedan sacar su potencial y servir a su vez a todo el entorno de la organización.

Este quiebre abrupto de nuestra realidad también nos ha demostrado que, a pesar de ser resilientes y de habernos adaptado con una rapidez asombrosa a un nuevo escenario, necesitamos herramientas para gestionar las emociones, sin importar el puesto que ocupemos. A este tipo de enfoque apuntan todas las tendencias, y se erige como un elemento clave en el que las empresas deben invertir para salir fortalecidas de esta situación sin precedentes.

En cada esfera de la vida habrá un antes y un después de la pandemia; también en el mundo de las organizaciones, que tienen un rol decisivo en la reconstrucción emocional de la sociedad.

Es verdad que la recuperación económica es fundamental, pero apostar por ser un actor dinamizador del bienestar social no está reñido con la productividad ni con el aumento de los beneficios; al contrario, es una apuesta inteligente en ambos sentidos.

Tenemos que poner a las personas en el centro de nuestra actividad por responsabilidad, por vocación, porque las personas nos importan de verdad.

Por otro lado, en una época en la que crece la competencia, se reducen los recursos, se globalizan los tipos de servicios y productos, la demanda y la oferta están en permanente tensión y la tecnología produce cambios rápidos y constantes, los intangibles tienen que pasar a primer plano.

Dedicar esfuerzos y recursos para ser una empresa emocionalmente saludable será la clave de la diferenciación, de la continuidad y del éxito a largo plazo. Tenemos que poner a las personas en el centro de nuestra actividad por responsabilidad, por vocación, porque las personas nos importan de verdad. Si lo hacemos, los resultados serán la consecuencia.

Es una realidad que cada vez más organizaciones son conscientes del impacto de cuidar el bienestar emocional de la gente y que se están desarrollando diversas iniciativas, pero también es cierto que la mayoría están orientadas al personal y circunstancias en el ámbito de los recursos humanos. En muchos casos suelen estar entre las políticas de prevención de riesgos psicosociales o enmarcadas dentro del cuidado de la salud en general. También se realizan algunas acciones de sesgo emocional en relación a la experiencia de cliente o al *marketing*, pero básicamente están vinculadas al departamento que gestiona las personas.

Las ideas que se están llevando a cabo son buenas y sobre todo necesarias, aunque se realizan sin un plan específico de bienestar emocional que las englobe y las potencie. Generalmente están vinculadas a otros proyectos más amplios que las abarcan, por lo que suelen percibirse como elementos aislados y puntuales que, aunque sean potentes individualmente, pierden impacto duradero al carecer de una estructura a largo plazo y de un modelo propio. Por este motivo no acaban de calar en las organizaciones y no tienen un impacto profundo, porque se quedan en la superficie.

Para conseguir una verdadera revolución, no basta con dar pinceladas esporádicas de acciones puntuales en torno al bienestar emocional en el marco de un proyecto considerado superior. Tampoco se trata de una intervención rápida cuyos efectos se manifiestan de un día para el otro. Estamos hablando de desarrollar un mecanismo estable con entidad propia, que aborde la dimensión humana en su amplitud y acometa un cambio profundo de mentalidad en las organizaciones. Una transformación cultural que comporta tiempo, esfuerzo, recursos, trabajo, compromiso y, sobre todo, convicción.

El modelo que propone este libro es transversal, holístico y funcionalmente independiente. Implica a las áreas de la empresa en su conjunto y tiene como destinatarios a todas las personas vinculadas a ella. Un espacio permanente de abordaje emocional de calado profundo y con una misión transformadora.

Un órgano dentro de la empresa dedicado sistemática, personalizada y transversalmente a velar por el bienestar psicológico de las personas que conforman la organización, hacia adentro y hacia afuera; un mecanismo que genere una corriente que haga fluir la humanización en todos sus círculos de influencia.

La propuesta es crear una Unidad de Bienestar Emocional (UBE) que, aunque tiene entidad propia, acompañará al departamento de recursos humanos, evidentemente, pero también al de comunicación, al de *marketing*, al que lleva clientes, proveedores, colaboradores y a la estructura comercial, en todo lo relacionado con las emociones. Un planteamiento que tiene el objetivo de imprimir valor emocional a cada uno de los procesos, servicios, operaciones y relaciones de la organización en todos sus canales de comunicación, interna y externa con una visión profunda y duradera.

Cada llamada telefónica, cada comunicación escrita, cada relación interpersonal, tiene que estar mediada por un plan diseñado para generar empatía, confianza, compromiso, reconocimiento y bienestar, poniendo a las personas siempre en el centro.

La estrategia está pensada para implementar en las organizaciones, públicas o privadas, cualquiera sea su tamaño o sector, pero trabaja conceptos que se pueden abordar también a nivel de gestión de equipos, de donde nace la idea de desarrollar este modelo.

Aunque mi formación de psicóloga y mi trayectoria en el ámbito asistencial son las bases de mi aprendizaje en torno al bienestar, las propuestas contenidas en este libro surgen sobre todo de mis años de trayectoria coordinando equipos, con los que fui convenciéndome de la importancia de poner el foco en el aspecto humano de cualquier actividad. Lo único que hace falta es el deseo de cuidar a la gente y la convicción firme de que el lugar apropiado no es arriba para mandar, sino al lado para servir.

Un equipo a prueba de pandemias

La excelencia humana y empresarial se consigue cuando reúnes talento y buena gente.
Xavier Marcet

Durante mi trayectoria profesional, desarrollada en diversos ámbitos y sectores, tanto en Argentina como en Barcelona, tuve, como todas las personas, días buenos y malos. Asistí a largas y aburridas reuniones en las que no se resolvía nada, en las que la lucha de egos dejaba lo importante en segundo plano. Me equivoqué, hice prejuicios sobre algunas personas, me invadió la frustración y en muchas ocasiones no dije lo que de verdad pensaba. Me enfadé y sentí que estaba en el lugar equivocado.

Pero también tuve momentos de alegría, por supuesto. La satisfacción de ver concretarse un proyecto por el que tanto luchamos codo a codo, la gratitud ante el reconocimiento generalizado de la labor de mi equipo, la gratificación de presenciar cómo las personas cooperan para sacar una idea adelante o simplemente vivir esa solidaridad que se despierta para ayudar a un compañero o compañera que está pasando por un mal momento personal. Hubo de todo, claro, pero dado que provengo del ámbito asistencial, lo que siempre mantuve, en cualquier situación, es la orientación a los aspectos más humanos de los entornos de trabajo. Además de llevar a cabo las funciones que tenía encomendadas según la posición que ocupaba, apliqué la simple fórmula de cuidar a la gente con la que trabajé. Cuando hablo de cuidar, me refiero a poner atención a aquello que trasciende lo meramente profesional, operativo, y llegar a la esfera más humana, porque en definitiva no enviamos a un representante a trabajar, a un intérprete escindido de nuestro verdadero yo que juega un papel en el escenario de nuestro universo laboral. No. Es nuestra vida la que se pone en juego, nuestra personalidad, y es importante entenderla y entender la de la gente que nos rodea para que el tejido relacional funcione y los objetivos se alcancen.

Por mi formación de psicóloga, por mi visión humanista y por vocación, para mí las personas siempre estuvieron primero.

En todo este recorrido, y aunque parezca sorprendente, hay algo que también me sirvió mucho en el trabajo con las personas dentro de los equipos, y es mostrar mi vulnerabilidad.

Mostrarme tal cual soy, con mis luces y mis sombras, aceptando mis errores, pidiendo ayuda cuando la necesité, siempre me reportó cosas buenas en la gestión de equipos. Al contrario de lo que nos han dicho siempre, expresar nuestra debilidad nos posiciona en el lugar correcto, al lado de la gente, y eso aumenta la confianza, base de cualquier vínculo.

La actitud de cuidar, además de generar entornos de bienestar, se traslada a los usuarios y clientes, quienes se benefician también de esa corriente saludable. En mi experiencia, esta forma de abordar la relación con las personas en el ámbito profesional no trae más que beneficios y pone en marcha una rueda que se alimenta a sí misma. El bienestar que empieza dentro se proyecta hacia afuera y siempre vuelve en forma de buen clima, mayor índice de confianza, más compromiso, mejor servicio, más felicidad, más clientes, mejor posicionamiento competitivo, mejores resultados y, por lo tanto, más bienestar.

Actualmente y desde hace siete años, gestiono el Servicio de Asistencia Psicológica y Atención al Duelo de una gran compañía de salud, una empresa muy comprometida y socialmente responsable.

El equipo que coordino, de cincuenta miembros, trabaja directamente con las familias de los asegurados fallecidos. Tratamos un tema muy sensible, la pérdida de un ser querido, en el que no podemos fallar, sobre todo a nivel humano. Para ofrecer un servicio excelente tenemos que empezar cuidando a quienes tienen el cometido de cuidar, a quienes realizan la atención directa.

Con este grupo de personas, disperso por todo el territorio nacional, empleo lo mismo que venía aplicando en otros contextos pero con el objetivo de crear un mecanismo estructurado de bienestar desde dentro que se proyecte hacia afuera. Trabajo la identidad, el propósito, la cooperación, el reconocimiento, la confianza, y desarrollo diversos proyectos que tienen a las personas como protagonistas. También debo decir que ellos son para mí grandes maestros. Un ejemplo de empatía, de vocación de servicio, de entrega, de compromiso, de buenas personas. Siempre tienen una lección de humanidad que me ofrecen y que intento integrar en mi forma de hacer. Hoy somos un servicio reconocido y referente en el sector.

La mayor prueba que pasamos fue el pico de la pandemia del Covid-19, tiempo durante el cual nos tocó vivir la parte más amarga de la crisis, las muertes, el dolor, las pérdidas humanas. Tuvimos que afrontar una situación dramática en condiciones impensadas. El caos era generalizado, los fallecimientos se multiplicaban por cuatro en algunas zonas, las escenas traumáticas desafiaban nuestro equilibrio psicológico y a pesar de todo teníamos que mantenernos en pie, reorganizarnos, adaptarnos y dar lo mejor de nosotros para preservar la calidad humana del servicio en un escenario incierto y desconocido.

El trabajo realizado de forma profunda y auténtica durante años, centrado en un modelo enfocado en las personas, junto con el compromiso del equipo, nos permitió afrontar una situación tan dura con la mejor actitud para dar apoyo a las familias víctimas del coronavirus. Dada la situación y la magnitud del estrés, temí por la integridad del equipo. Sin embargo, el grupo está más cohesionado y fortalecido que nunca. Entonces pensé que si conseguimos esto trabajando con el material más sensible que podemos trabajar, que es la pérdida de la vida, cualquier equipo podría hacerlo. De ahí nace este libro, de la idea de compartir estas reflexiones y experiencias para aportar algo a quienes anhelan crear equipos sólidos y felices basados en unas relaciones saludables y constructivas.

Los cambios que estamos experimentando a nivel mundial no tienen precedentes, y para poder afrontar esta situación precisamos una nueva manera de mirar la realidad. Un nuevo paradigma que pivote en torno al bienestar de las personas, que son el motor de todo lo demás.

El bienestar y la felicidad son conceptos difíciles de definir, de evaluar científicamente, y sobre los que hay diferentes enfoques. Pero casi todos coinciden en que ambos requieren tres componentes fundamentales. El primero apunta a las emociones positivas como aquellas experiencias que nos hacen sentir bien, estar a gusto y en paz; el segundo tiene que ver con la realización personal, con aquello que nos apasiona, que nos empuja, con nuestro elemento; y por último, a un nivel más profundo, está el componente que nos trasciende como seres individuales, en el que el sentido de pertenencia y las relaciones con otros seres humanos son fundamentales.

Este libro hace un recorrido por esos componentes en el contexto del trabajo, desgrana la importancia que tienen para el bienestar y el papel fundamental que juegan las organizaciones para conseguirlo. En el último capítulo plantea un modelo como propuesta de implementación de bienestar emocional en las empresas, en el que se abordan los caminos para trabajar sus tres elementos: las emociones positivas, la realización personal y el propósito construido en base a unas relaciones humanas saludables.

**Un modelo cuyo objetivo es desarrollar
una organización emocionalmente saludable
y construir un liderazgo desde el bienestar.**

Para mí, esta revolución que apuesta por poner a las personas en el centro no es una moda; se trata de una postura existencial, y las organizaciones tienen la responsabilidad de hacer del mundo un lugar más justo, más solidario y más humano. Una forma de hacerlo es humanizando las relaciones profesionales y creando un entorno emocionalmente saludable, cosa que solo podremos conseguir si practicamos la proximidad y la empatía, si vivimos desde dentro y no desde el escaparate.

Se trata de un cambio profundo de visión, de un proceso que no es fácil ni rápido, pero que merece la pena abordar, dado que el éxito de las empresas centradas en las personas (clientes, empleados y otros *stakeholders*) está creciendo cada vez más y va marcando el camino.

Las consideraciones planteadas y el modelo propuesto en este libro implican una transformación cultural que involucra la estrategia del negocio con un enfoque diferenciador, cuyo objetivo es desarrollar una organización emocionalmente saludable y construir un liderazgo desde el bienestar.

Espero que les sea útil a quienes tienen interés en mejorar las relaciones profesionales, humanizar los equipos y las organizaciones, aportar bienestar a las personas y a la sociedad, impulsando los cambios que necesita el mundo ahora más que nunca.

Parte I. El mundo interior

Capítulo 1. Una nueva revolución

Las emociones son respuestas primarias y automáticas a ciertos estímulos, e implican a tres ámbitos: físico, cognitivo y conductual. Se trata de reacciones adaptativas al ambiente.

Por otro lado, los sentimientos son la interpretación consciente que hacemos de las emociones. Son los que nos conectan a los demás, nos ayudan a comunicarnos, modulan nuestra forma de interactuar y hacen que aquellos con quienes nos relacionamos perciban cómo nos sentimos. También pueden ayudarnos a desarrollar la empatía, a entender qué siente el otro, a ponernos en su lugar, comprenderle y ayudarle, a relacionarnos de manera más sana.

Cuántas veces en nuestro entorno laboral nos quedamos sin decir algo que queríamos decir, sin responder a una pregunta que un compañero nos hizo cuando estábamos muy ocupados. Nos marchamos sin agradecer a quienes estuvieron con nosotros trabajando para resolver un problema, o nos tragamos la rabia por una situación que vivimos como injusta.

Todas estas situaciones y muchas más que se dan día a día generan malestar, y lo peor de todo es que crecen. Porque lo que no se saca y se elabora se queda dentro, y desde allí provoca muchas emociones negativas. Desmotiva, estresa, nos vuelve improductivos, nos desenfocamos, nos baja la autoestima y tiñe todo de negatividad.

En cambio, si se genera un espacio de gestión emocional en el que podamos expresar las emociones, enfriar la agresividad, la rabia, la incomprensión y sus indeseadas consecuencias, podremos recuperar la esencia de lo sucedido y trabajarlo para el bien de todos, lo que nos ayudará a construir relaciones más saludables.

Mucha gente relaciona la emotividad con debilidad, y es un gran error. Sentir, expresar lo que sentimos, compartirlo, es fundamental para crear vínculos duraderos y profundos. Se necesita valentía para mirar nuestras emociones a la cara, identificarlas, enfrentarnos a ellas y disponernos a mejorar, a cuidar de nosotros y de los otros. Cerrar los ojos y hacernos los fuertes es fácil, mucho más fácil que sentir, que reflexionar, que asumir errores, y por supuesto que tomar decisiones importantes.

Las personas contamos con las emociones como ventaja diferencial frente a los robots; por lo tanto, hay que sacarlas a la luz y traerlas como valor añadido a la vida personal y profesional.

Una experiencia nos provoca una emoción, la emoción nos despierta un sentimiento y ese sentimiento genera una conducta. Una experiencia negativa genera emociones y conductas negativas. Por lo tanto, en el entorno de trabajo es fundamental crear un mecanismo de experiencias positivas que generen emociones y comportamientos positivos. Ese mecanismo nos dará las pautas de actuación, ya que las emociones son muchas cosas, pero sobre todo son información. Nos informan de manera inmediata cómo las personas estamos valorando lo que pasa; qué opinamos sobre lo que está ocurriendo. Es una información preconsciente e instantánea sobre cómo estamos viendo lo que está pasando. Por este motivo es clave poder acceder a esa información emocional, saber cómo me siento en determinada situación, cómo me está afectando y ponerle una etiqueta. En el momento que la identificamos podemos saber lo que nos está diciendo.

Prestar atención a la información emocional, tanto nuestra como la de las personas que tenemos a nuestro alrededor, nos dará indicios claros sobre qué es lo que puede ocurrir, qué es lo que podemos hacer y qué es lo que deberíamos dejar de hacer. Las emociones nos mueven y afectan tanto a nuestra esfera del pensamiento como a nuestro universo de conductas. El proceso transformador tiene que ver con construir una organización emocionalmente sana, una empresa que escuche, que empatice, que cuide de las personas, que reconozca el trabajo realizado y que sepa gestionar sus propias emociones para enfrentar de manera óptima los retos que se plantean.

Una organización sana emocionalmente tiene en cuenta la singularidad de cada persona, potencia los puntos motivacionales de cada una, genera confianza, acompaña, promueve relaciones respetuosas, saludables, y lo que consigue es compromiso, identificación con la marca, clientes, empleados y colaboradores para toda la vida.

En todo puesto de trabajo y en todo cargo de responsabilidad hay un componente importante de relaciones personales, y si no sabemos conectar, si las personas no nos importan, por más brillantes que seamos intelectualmente, por más formación en *management* que tengamos, fracasaremos. No hay nada mejor que buscar el éxito compartido, el bienestar común.

Pasamos más de la mitad de la vida en el trabajo, y aumentar el bienestar en este ámbito tan importante de nuestro universo vital impacta directamente en los niveles de bienestar general, en la autoestima, en la realización personal, en las relaciones humanas, tanto dentro como fuera de los centros de trabajo, y como somos seres integrados, todo lo que mejoremos en el ámbito laboral tendrá consecuencias en el entorno personal. El bienestar emocional en el trabajo reduce los niveles de frustración, de agresividad, de impotencia y de tantos sentimientos negativos que hacen de nuestra sociedad un lugar hostil.

El fin último de las empresas debería ser mejorar la vida de la gente, y en segundo término generar beneficios.

Las organizaciones juegan un rol de gran responsabilidad en esta transformación, construir un mundo más amable tiene que ser parte de su plan estratégico. ¿De qué jefe nos acordamos más? ¿De qué empresa en la que trabajamos? No nos acordamos más de la empresa en la que competíamos unos con otros por ganar espacios de poder, o de aquella en la que ganamos más dinero, o incluso de aquella en la que llegamos más alto en el organigrama. La organización que calará en nuestro recuerdo será aquella en la que nos cuidaron, en la que se preocuparon por nosotros cuando tuvimos un mal momento, aquella que nos hizo sentir únicos e importantes, la que nos dio un lugar con sentido en el equipo, la que nos escuchó de forma sincera, a la que le importamos de verdad. El fin último de las empresas debería ser mejorar la vida de la gente, y en segundo término, generar beneficios. Aunque lo segundo se produce indefectiblemente cuando se hace bien lo primero, cuando se hace por convicción y no como un medio para aumentar la rentabilidad, cuando creemos que se pueden cambiar las cosas.

Tal como afirma Imma Puig, expsicóloga del Fútbol Club Barcelona, en su libro *La Revolución Emocional*, "los revolucionarios emocionales son personas que tienen en cuenta las emociones propias y ajenas, y están dispuestas a demostrar con hechos que otra realidad es posible".

Capítulo 2. Somos un todo

El ser humano es un conjunto de realidades complejas
que se pueden distinguir pero no se pueden separar.
Mario Alonso Puig

Al igual que las organizaciones, las personas funcionamos de manera integrada y todas las áreas de nuestra vida se conectan. Si tenemos un sufrimiento a nivel emocional en nuestra esfera privada, se verá indefectiblemente afectado nuestro ámbito profesional. La motivación, el rendimiento y el compromiso, reciben una influencia directa de nuestro ámbito más personal; y también al revés, todo nuestro entorno familiar se verá afectado por las experiencias del trabajo. No estamos hechos de compartimentos estancos, somos un todo.

¿Quién no recibió una palabra mal dicha de su jefe o jefa un día en la oficina, se fue a casa sin responder lo que de verdad pensaba y al llegar discutió con su pareja al mínimo desencuentro? ¿Quién no ha pasado por una mala racha personal y se sintió abrumado en el trabajo, con dificultades para concentrarse, desmotivado? Las situaciones de estrés no se quedan dentro cuando cerramos la puerta del despacho, ni tampoco en casa cuando salimos para ir a trabajar, y más ahora cuando el teletrabajo se impone y la división entre casa y oficina es virtual. Todo está interconectado y aún más cuando hablamos de emociones. El estrés emocional es un virus muy contagioso que si no se coge a tiempo puede invadir todas las áreas de nuestra vida, a las personas de nuestro entorno e incluso, tal como lo confirman numerosos estudios, puede afectar seriamente a nuestra salud física.

De hecho, la Agencia Europea para la Seguridad y la Salud en el Trabajo nos informa que el 60 % de las jornadas de trabajo perdidas se deben al estrés y que el 59 % de las personas que trabajan en España lo sufren.

Es evidente que la salud mental es clave en el cuidado de la salud en general, y no se la puede tratar como algo separado del resto, que actúa por su cuenta y que no tiene consecuencias más allá de la esfera —poco conocida— de lo psicológico. Tenemos que asumir como natural que así como es importante ir al gimnasio para cuidarnos físicamente, es bueno acudir a una terapia no solo porque tengamos un problema grave, sino para contar con un espacio propio en el que poder trabajar nuestras emociones y construir una vida lo más coherente posible con lo que esperamos de ella.

Aunque es verdad que existen prejuicios aún en este país con el hecho de ir al psicólogo, hoy la salud mental es una prioridad para las autoridades. Ir a terapia ya no es un tabú insalvable como antes: casi 5 de cada 100 personas residentes en España va a terapia. Se está derribando el mito del loco, desmitificando la salud mental, y al mismo tiempo el mundo cada vez es más complejo, nuestro estilo de vida hace difícil que nos sentemos media hora a charlar con nuestra pareja, con nuestro hijo, con un amigo, lo que genera nuevos conflictos. La adicción a las nuevas tecnologías o el *bullying,* por ejemplo, son realidades recientes que crecen exponencialmente cada día, por lo que existen más probabilidades de padecer estrés, ansiedad o trastornos depresivos, y por eso se le está perdiendo el miedo a ir a consulta.

Esta tendencia se ha reforzado a partir de la aparición del coronavirus. Las llamadas al 061 por episodios de angustia se han disparado hasta el 300 %. Las entidades de salud mental ya avisan que los efectos emocionales de la pandemia serán mucho más graves que en crisis anteriores y las veremos a largo plazo, porque todavía no somos conscientes de lo que hemos pasado y de lo que aún nos queda por pasar.

Semanas de confinamiento, de teletrabajo, de adaptarnos a estar las veinticuatro horas sin salir, habiendo perdido de golpe nuestra libertad de movimiento, sin un espacio individual, haciendo de nuestra casa la oficina, sin contar con esas válvulas de escape que utilizábamos día a día sin darnos cuenta y que ahora se vuelven tan necesarias. Situaciones de conflictos familiares, de violencia, junto con la incertidumbre sobre el futuro, forman un cóctel que está haciendo que las bondades de la psicología calen en nuestra sociedad. Sin embargo, aún queda un obstáculo por saltar: la Sanidad Pública en España solo atiende a los casos más graves, con un porcentaje de 6,71 psicólogos por cada 100 000 habitantes frente a los 10,7 de Francia, los 12,1 de Grecia, los 56,9 de Finlandia o los inalcanzables 198 de Argentina, el país donde la salud mental tiene su lugar en el presupuesto familiar y donde el hecho de cuidarse psicológicamente es un valor para la sociedad y para las empresas.

Todo tenemos miedos, angustias, preocupaciones, fracasos, complejos, obsesiones, puntos débiles, puntos fuertes, patrones de conducta que queremos cambiar... Estos elementos navegan por las diferentes dimensiones de nuestra vida, están interconectados y se interfieren. No siguen caminos independientes y cierran compuertas a la influencia de los otros.

En los días del confinamiento más duro, un miembro de mi equipo, entusiasta, siempre dispuesto a ayudar, optimista, alegre y lleno de iniciativas, llevaba días que no contestaba mis *e-mails*, cosa que siempre hacía de forma casi automática; tampoco se mostraba receptivo a mis propuestas. En una videollamada le escuché un tono muy bajo y vi su aspecto desmejorado. Le pregunté qué le pasaba, si se encontraba bien; le dije que podía llamarme, y como si fuese una sesión de terapia, le daría día y hora para dedicarme completamente a él. Así lo hizo, me mandó un mensaje y le di una cita. No se la daba como su jefa ni como compañera, no le ofrecía un tiempo en el entorno de trabajo mientras hablábamos de tareas y objetivos. Le estaba facilitando un espacio como psicóloga dentro de un entorno laboral, un lugar seguro para tratar un tema personal y que evidentemente le estaba afectando en todos los ámbitos de su vida.

Todos tenemos una vida personal que se comunica con la profesional, y las empresas están compuestas por personas interconectadas entre ellas.

Fue una hora larga en la que pudo expresar todo lo que le pasaba. Su vida personal, ya agrietada, se estaba viniendo abajo en pleno confinamiento, invadiéndolo todo. Estaba confuso, desganado y con un bloqueo emocional absoluto. Ese espacio lo ayudó a sacar las cosas fuera y a verlas en su justa dimensión. Al acabar me pidió otra cita para seguir trabajando el tema y establecimos una sesión cada lunes. Poco a poco comenzó a ver las cosas más claras, a organizar su vida y sobre todo a tomar decisiones más coherentes con lo que de verdad quería. Recuperó su entusiasmo y volvió a participar intensamente en las reuniones. En un mes no solo había vuelto a ser el mismo de antes, sino que comenzó a contagiar entusiasmo al resto del equipo, y a partir de ese momento se convirtió en un activista de la salud emocional y de la psicoterapia como herramienta para llegar a ella.

Al igual que él, todos tenemos una vida personal que se comunica con la profesional, y las empresas están compuestas por personas interconectadas entre ellas. Cualquier sistema que promueva el cuidado de la salud emocional tiene que ser integral. No puede cuidar a unas personas y descuidar a otras, igual que no podemos cuidar el aspecto laboral y descuidar el personal. Somos un todo, las organizaciones funcionan como un todo y los enfoques para abordar el bienestar emocional tienen que ser holísticos y transversales.

El aparato psíquico, según la teoría psicoanalítica, se compone de tres instancias: el Yo, el Ello y el Superyó. Por un lado, el Ello, que alberga todos nuestros impulsos y deseos más antiguos, está en un plano inconsciente y no tiene contacto directo con el mundo exterior. Es el núcleo de nuestro ser. Del otro lado está el Superyó, que es justo lo contrario; es el juez de nuestras acciones, las leyes que hemos interiorizado. Quien nos castiga con la culpa cuando hacemos algo que está fuera de lo establecido en los códigos socio-culturales. Es el que nos convierte en seres sociales. En el medio, está el Yo, que es quien actúa. Él tiene que lidiar con las exigencias de uno y de otro, ejerciendo un equilibrio entre cumplir la ley y dar salida a nuestros deseos inconscientes. El Ello tiene una fuerza feroz, empuja desde lo profundo para dejarse ver, y el Yo puede contenerlo, a veces, a causa de las amenazas del Superyó, pero en ocasiones un Yo debilitado no consigue pararlo y estalla en la superficie.

Hay quienes tienen un Superyó muy poderoso y que ha construido un escudo inmenso contra todo aquello que empuja como un ejército imparable desde las profundidades. Hay quienes albergan un Ello que desafía una y otra vez las leyes del Superyó y que emerge, poderoso, desde cualquier grieta, dejando arrinconado a un Yo incapaz de pararlo. Y hay también quienes han desarrollado un Yo con la habilidad de mantener un equilibro entre uno y otro, quien se analiza a diario para conocerse y trabaja sus propios deseos al tiempo que dirige la mirada a los demás, los reconoce y se implica también en construir lazos profundos.

La proporción entre consciente e inconsciente es de 30/70, y sin embargo seguimos obstinados en darle más importancia a lo que se ve, a lo superficial. Lo verdaderamente útil es traer a la consciencia esos temas subterráneos que, aunque no se ven, generan efectos en la superficie. Mientras no los traigamos, los miremos a los ojos, nos enfrentemos a ellos y los trabajemos, seguirán produciendo conductas que pueden ser disfuncionales en los equipos y en la vida. En la medida en que hacemos conscientes las actitudes rompemos la cadena de la inercia y podemos operar desde la lucidez.

Con las organizaciones pasa lo mismo. Hay que buscar mecanismos de gestión de esas estructuras emocionales que se mantienen en un plano que no vemos, pero que empujan hacia la superficie muchas veces en forma de conflictos.

Carl Jung era muy claro al respecto: "Hasta que el inconsciente no se haga consciente, dirigirá tu vida y tú le llamarás destino".

Capítulo 3. La mecánica de las emociones

Si quieres entender a una persona, no escuches sus palabras,
observa su comportamiento.
Albert Einstein

De la misma manera que un mecánico tiene que conocer los entresijos de un motor para entenderlo, hacerlo funcionar y repararlo, en una organización tenemos que educarnos en el campo de la psicología para comprender cómo funcionan las personas y hacer que el ente formado por ellas funcione.

Cuando cursé el máster en Psicología *Coaching* en el Colegio Oficial de Psicología de Cataluña, el tema más tratado en la asignatura de *coaching* ejecutivo y de equipos era la importancia del entrenamiento en temas psicológicos para entender cuestiones de comportamiento, empezando por los directivos, cuyo papel es fundamental para liderar cualquier cambio que se pretenda profundo y duradero. Hay que conocer los diferentes tipos de personalidad, entender que nos relacionamos de manera diversa, que no a todos nos motivan las mismas cosas y que unos se estresan en situaciones que a otros los impulsan. De esta manera tendríamos equipos más eficaces, más motivados, más humanos, más cohesionados y más felices.

Así mismo, sabríamos obtener el mejor talento de la gente; las personas que trabajan utilizando sus potencialidades gozan de más bienestar y son más productivas. Un pez al cual se le otorga el rol de trepar a un árbol, está condenado a su propia frustración y al fracaso del grupo. En cambio, si se lo deja en un arroyo, dará lo mejor de sí para él y el objetivo común.

Pero para eso tenemos que entrenarnos, aprender de la psicología. Entender cómo funcionan las personas nos hará funcionar mejor, comunicarnos de forma eficaz con nuestro equipo, con nuestros pares y con nuestros jefes y jefas, siempre respetando la individualidad y la visión particular que cada cual tiene de las situaciones y del mundo, lo que se conoce como constructos.

Gran parte de nuestros comportamientos son inconscientes, y el entrenamiento para identificarlos es crucial en la dinámica de los equipos, ya que muchas de las disfunciones que observamos obedecen al siguiente principio: cometo un error inconsciente para llamar tu atención. Ya que tú no me reconoces positivamente, lo que hago es provocarte. Por eso es importante acompañar a los diferentes departamentos en el abordaje de la cuestión emocional y psicológica de las personas, ya que si conociéramos la mecánica emocional, la lectura que haríamos de algunos comportamientos poco afortunados o tóxicos no sería que el otro lo hace deliberadamente o por incompetencia, sino que lo hace para llamar nuestra atención, busca nuestro *feedback*, nuestro reconocimiento.

Existe un test de personalidad muy utilizado en las empresas que se llama MBTI, y que hace una diferenciación de tipologías de personalidad basada en las teorías de Carl Jung. Son dieciséis tipos, y allí vemos claramente cómo hay personas que tienen un pensamiento más abstracto, otras necesitan más concreción; unas toman decisiones rápidas, otras necesitan más tiempo; unas son muy afables y generan muy buen ambiente, pero otras, que son más duras de carácter, resulta que son excelentes en un trabajo técnico especializado. Unas son más creativas y desestructuradas, y otras más estructuradas, organizadas y con más temor al cambio. Todos los tipos tienen diferentes talentos, y conociéndolos se pueden aprovechar las potencialidades de cada uno, consiguiendo de este modo que sean más felices y más comprometidos.

Me llama mucho la atención cuando alguien afirma querer motivar a su equipo, así, en general. Como si un equipo fuese un ente uniforme, una masa regular en la que no existe la individualidad. La clave es conocer a la gente que los conforma y distinguir lo que es importante para cada una. El concepto generalista de motivación incluso puede generar el efecto contrario al que buscamos, nos puede hacer sentir justamente lo que rechazamos: ser un número. Por eso es básico implicarse en el conocimiento de las personas y para ello hay que entrenar ciertas habilidades en la gestión emocional y formarse en psicología.

Ese entrenamiento nos hará sentir mejor con nosotros mismos, con los demás, y por lo tanto relacionarnos de manera más sana. ¿Cuántas veces nos hemos enzarzado en discusiones con algún colaborador por algo que después pensamos que se podría haber enfocado de forma diferente? ¿Cuántas veces nos hemos sentido poco comprendidos cuando explicamos nuestros argumentos para tomar una determinada decisión? ¿Cuántas veces pensamos que nos gustaría decir tal o cual cosa y simplemente preferimos callarnos para evitar conflictos? ¿O cuántas veces hemos pensado: "esta persona me saca de quicio"? Pues todo eso tiene que ver con la gestión de las emociones, algo que rige nuestra vida. La buena noticia es que conocer y gestionar nuestras propias emociones y también reconocer la de los demás es una habilidad que se puede desarrollar con entrenamiento y formación. La empatía es una de esas habilidades fundamentales.

Una vez adquirida la capacidad de entender las emociones propias y ajenas, el siguiente paso es gestionarlas de manera tal que tengan efectos positivos para nosotros y para nuestro entorno. Las emociones se comunican, pueden ayudarse entre ellas y darse intensidad. Todo dependerá de cómo las interpretemos; por eso es tan importante el trabajo de autoconocimiento.

Tal como decía uno de los psicólogos más reconocidos por sus aportaciones a la ciencia de la conducta, Erik Erikson, psicoanalista y padre de la Teoría del Desarrollo Psicosocial, "la vida no tiene sentido sin la interdependencia. Nos necesitamos, y cuanto más te conozcas a ti mismo, mayor paciencia tendrás por lo que ves en otros".

Parte II. La Razón de Ser

Capítulo 4. En la profundidad está la clave

En la profundidad del invierno finalmente aprendí
que había en mí un verano invencible.
Albert Camus

Vivek Murthy, exjefe de salud pública de EEUU, preguntó a la audiencia en un simposio si, para la sociedad, las emociones eran una fuente de debilidad o de poder. La respuesta de consenso entre los que levantaron la mano fue debilidad, y se equivocaban. "Las emociones son una fuente de poder. No estoy diciendo esto porque se trate de una creencia filosófica. Es lo que dice la ciencia", sentenció Murthy.

Cuando sentimos emociones positivas, de gratitud, inspiración, conexión, nos podemos ocupar de muchas cosas, nos cansamos menos, mantenemos la motivación alta, rendimos más, somos más felices e impactamos de manera sana en nuestro entorno. Cuando lo que sentimos son emociones negativas como celos, ira, miedo, nuestras fuerzas se ven socavadas, y tambіén nuestra vitalidad, nuestra energía, y por lo tanto nuestro rendimiento, nuestro bienestar.

Por eso la preparación psicológica es tan sustancial en los atletas de alto rendimiento. Llega un momento en la competición que la diferencia entre uno y otro solo se juega en el plano psicológico y emocional; es lo que distingue a quienes ganan de quienes pierden.

Algo similar ocurre en las organizaciones; podemos vender lo mismo que otras empresas y hacerlo con la misma calidad y eficacia, pero lo que nos diferenciará será el impacto emocional que generemos en las personas con las que nos vinculamos. ¿Qué mejor manera de distinguirnos que contribuir, con nuestra actividad, al bienestar de la gente y de la sociedad?

Con frecuencia el bienestar emocional se aprecia de forma limitada y se le asocia a la ausencia de algunos trastornos, como la ansiedad o la depresión. Hay organizaciones que proponen como medidas de bienestar emocional la relajación, el *mindfulness* o las sesiones de risoterapia, que son acciones interesantes, innovadoras en el entorno de trabajo y que, sobre todo, nos hablan de la intención de una organización de brindar herramientas para generar bienestar en sus plantillas. Pero desde mi punto de vista, el bienestar emocional es mucho más que eso.

En la ética y la filosofía griega clásica hay un concepto que tiene un papel central, la *Eudaimonía,* comúnmente traducido como "felicidad", "bienestar" y también "florecimiento humano".

Todos los seres humanos queremos ser felices, pero en muchas ocasiones se busca la felicidad en lugares equivocados: en el dinero, en las cosas materiales, en la apariencia, en el éxito profesional… Pero la filosofía y la ciencia coinciden en que esas no son las fuentes de felicidad, que esta viene de una vida llena de significado, y por lo tanto no tiene solo que ver con la alegría, sino con un estado profundo que puede permanecer incluso en la adversidad. Ese nivel no se consigue con acciones puntuales ni manteniéndonos en la superficie.

En el contexto de la empresa, enfocarnos en el bienestar emocional es crear mecanismos permanentes para promover que todas las personas con las que se vincula funcionen de la mejor manera posible, desplieguen sus potencialidades y se sientan en armonía con ellas mismas y con su entorno, es decir, para que florezcan.

La diferencia fundamental, por tanto, está en dónde ponemos la mirada. Hay médicos, por ejemplo, enfocados en enfermedades, y hay otros enfocados en personas que padecen enfermedades.

Una escena de la película *Patch Adams,* protagonizada por Robin Williams, que se utiliza mucho en formaciones sobre la humanización de la salud, ilustra muy bien esta idea. En la secuencia se ve a una señora en una camilla con la pierna herida en el pasillo de un hospital. Un médico y un grupo de residentes se acercan y la rodean. Sin dirigirle ni siquiera una mirada, el médico les dice a los estudiantes: "Este es un caso de diabetes acompañado de mala circulación y neuropatía. Como ven, está acompañado de úlceras, edema linfático y rastros de gangrena. ¿Alguna pregunta?".

"¿Hay osteomielitis? ¿Cuál sería el tratamiento?", interroga uno de los residentes, mientras los demás anotan escrupulosamente en sus libretas. "Usar antibióticos y tal vez amputar", responde el sanitario. La mujer, desde la camilla, los mira espantada y con las manos temblorosas se sube la sábana blanca hasta la nariz. En ese momento se abre paso entre el grupo otro médico y les pregunta cómo se llama la paciente. Todos buscan en la historia clínica y responden: "Margery". Él se acerca, la mira y le dice: "Hola, Margery", a lo que ella responde con un aliviado: "Hola".

Este gesto que devuelve humanidad a la señora de la escena parece simple, pero no lo es, porque es mucho más que un gesto: se trata de una postura existencial.

En la misma medida podemos hablar de la organización, sea cual fuere, se dedique a lo que se dedique y tenga el tamaño que tenga; puede elegir su postura existencial, trabajarla, cultivarla y compartirla con todos sus grupos de interés.

Muchas organizaciones reconocen la importancia de la cultura del bienestar, pero pocas se afanan en construirla. Todas dicen que las personas son importantes, pero muchas toman decisiones en las que un número importa más que una persona. Hay que dejar de decir y empezar a actuar, pasar de explicar el qué para exponer el porqué, hay que ir al fondo del asunto. Hablamos de un cambio en búsqueda de lo auténtico, lo duradero y que implica una transición desde la superficie hacia la profundidad. Para alcanzar un cambio trascendente tenemos que ir allí.

En esa profundidad está el inconsciente que domina y dirige nuestra vida como un amo invisible, allí reside el *daimon,* nuestras verdaderas motivaciones. Por ello es importante conocerlo e integrarlo. Llegar a él, como dijo Marsilio Ficino, el gran traductor de Platón, será como encontrar nuestra estrella, y el que encuentra su estrella, su propósito, está en el camino hacia el verdadero bienestar.

Capítulo 5. El *ikigai*

Sabemos que Japón —y lo ha confirmado la OMS— es el país en el que la gente vive más años, cuestión que siempre se relacionó con la dieta que llevan en ese país, como prueban algunos estudios. Pero los nipones, además de vivir muchos años, lo hacen con muchas ganas y esto, según las investigaciones, se debe a que han encontrado su *ikigai*. Un concepto que podría traducirse como "la razón de ser".

El *ikigai* no se centra en la búsqueda de la felicidad; de hecho, Japón no está entre los primeros puestos de países más felices del mundo. El objetivo del *ikigai* es identificar aquello en lo que eres bueno, que te da placer realizar y que además, sientes que aporta algo a la sociedad, al mundo. Cuando lo encuentras, se eleva tu autoestima, tu motivación, tu compromiso, tu esfuerzo. No busca la felicidad, pero la alcanza.

Por eso es primordial analizar lo que queremos, lo que nos gusta, aquello que se nos da bien. En lugar de ir de un lado a otro porque la vida nos lleva, tenemos que buscar cuál es nuestro rol, identificar nuestro papel, encontrar un sentido a lo que hacemos y caminar nuestro propio camino.

Es verdad que hay personas que tienen claro lo que quieren hacer, qué les motiva, los empuja y trazan un camino para desarrollarlo. Pero, ¿todos tenemos un *ikigai*? Según la cultura japonesa, sí; y yo también estoy segura de ello. Todos tenemos una misión, una motivación vital. Hay que encontrarla, trabajarla y ponerla en marcha. Cuando se llega a ella todo cambia y cobra significado.

> **Las organizaciones también tienen su "*ikigai*", su razón de ser, y seguro que no tiene que ver con generar beneficios.**

Para este proceso de búsqueda, de exploración, es fundamental mirar hacia adentro y sobre todo hacia atrás. Cuando somos niños, todos tenemos habilidades que con el tiempo se van tapando y, ya de adultos, ni nos acordamos de ellas. Cosas que nos causaban satisfacción y que se nos daba bien de forma natural. ¿Con qué cosas te pasa el tiempo volando, se te olvida comer, dormir? ¿Qué actividades te resultan fáciles y divertidas? Cuando la encuentres no entenderás cómo pudiste vivir tanto tiempo sin conectar con tu *ikigai*.

Las organizaciones también tienen su *ikigai*, su razón de ser, y no tiene que ver con generar beneficios. Como los seres humanos, tienen que buscarlo y desarrollarlo. También deberían ayudar a las personas vinculadas a ella a que descubrieran y cultivaran su propio *ikigai*, promover que conectaran con él y potenciarlo. De esta manera la rueda del bienestar emocional sería imparable y duradera.

Dan Buettner, periodista y defensor de la salud, ha investigado aquellos lugares extraordinarios en el planeta en los cuales la gente lleva una vida larga, saludable y feliz. Basado en investigaciones y estudios exhaustivos, ha detectado cuáles son los factores comunes de estos lugares que llamó "zonas azules", donde se vive más y mejor. Uno de estos elementos comunes en estas zonas es el apoyo comunitario y la existencia de un propósito. De ahí que Dan Buettner afirmara que el *ikigai* es una de las razones por la que la gente de Okinawa tiene una vida larga y feliz.

Hay ocasiones en la vida en los que experimentamos un júbilo total y profundo, en los que el tiempo no existe y la ilusión gana al cansancio. Son momentos en los que se produce una poderosa atracción hacia una idea, o un interés verdadero, en los que la sintonización es absoluta con ese elemento que en Japón llaman *ikigai*.

Imaginemos un mundo en el que las personas están sintonizadas con él. En el que esas personas, ilusionadas, entusiastas, que tienen una razón, un propósito, llenan las organizaciones, las dirigen, facilitan el bienestar de quienes forman parte de esa comunidad que aporta sentido a cada uno y al conjunto. Imaginemos cómo sería esa organización. Seguramente sería longeva y feliz, como la gente de Okinawa. Una zona azul en el planeta de las empresas.

Capítulo 6. La fuerza del propósito

El éxito es saber tu propósito en la vida,
crecer para alcanzar tu potencial,
y plantar semillas para ayudar a otros.
John C. Maxwell

El propósito de una empresa no es su misión ni su visión, ni tampoco es un objetivo final; el propósito es una "aspiración". Su razón de ser más allá de generar beneficios. Tiene que ver con aquello que la trasciende. Unas pocas lo han definido claramente y muchas ni siquiera se lo han planteado, pero lo tienen y es necesario descubrirlo, trabajarlo y ponerlo en el centro de la actividad.

Simon Sinek, escritor y motivador inglés, en su libro *Empieza con el porqué*, plantea la idea del "círculo dorado", una esfera de tres capas. Una externa es el "qué". Qué hace tu organización, a qué se dedica, qué vende. Una segunda capa media es el "cómo". Cómo lo hace, cómo se diferencia de otras que hacen algo similar. Y finalmente, un núcleo interior, el "porqué". Esta idea explica por qué algunas personas y organizaciones pueden inspirar y otras no. El "porqué" es el inconsciente de la organización, su núcleo, la profundidad a la que hay que llegar para encontrar las verdaderas razones de ser.

Todas las empresas del mundo saben lo que hacen, qué producto o servicio venden. Algunas saben cómo lo hacen, su propuesta de valor, lo que las diferencia de otras. Pero muy pocas conocen el porqué de lo que hacen. Su razón de ser. Este es el propósito, la creencia, por qué existe tu empresa. Y no tiene que ver con ganar dinero; ese es solo el resultado.

Sinek plantea en su teoría que casi todas las empresas se comunican desde afuera hacia adentro, en ese círculo dorado, pero que las más inspiradoras comienzan en el centro y van hacia afuera. Si el propósito de tu compañía es lo suficientemente fuerte vas a conectar, no solo con el cliente actual y potencial, sino también con los proveedores, los trabajadores, los colaboradores y con todas las personas vinculadas a tu organización. Siempre se puede cambiar lo que haces y cómo lo haces, pero el propósito es único, trasciende al qué y al cómo y debe guiar la estrategia. Cuando un equipo está alineado con un propósito, la fuerza de la motivación es imparable.

Hace muchos años, cuando me desempeñaba como responsable de asistencia psicológica en un centro de mayores en Barcelona, viví muchas escenas que me atravesaron más allá del ámbito profesional. Tanto, que las recogí en un libro llamado *Un espejo vacío*, publicado en el año 2007. De esos recuerdos, hay uno que evoca este concepto. Cuando empecé a prestar mis servicios en la institución, conocí a Amparo, una señora de 89 años que siempre estaba callada junto a la ventana de una de las salas. Allí pasaba horas, detenida en el tiempo. Cuando me informé sobre su situación no podía creerlo. Amparo padecía obesidad mórbida y su silla de ruedas no cabía en el ascensor del edificio, motivo por el cual llevaba dos años sin salir a la calle. Desde que ingresó en el centro su vida había sido esa ventana. Nadie se preguntó cómo solucionar esa situación. Nadie se puso en su piel ni empatizó con lo que podía sentir. Todos daban por hecho que las cosas eran así. Habían cosificado a Amparo. La vida en una residencia ya es lo suficientemente dura como para sumarle un encierro perpetuo por el hecho de que la silla de ruedas no cabe en el ascensor. Todo el sistema en las residencias empuja a deshumanizar a las personas, empezando por las que trabajan, que muchas veces no pueden hacer otra cosa que ajustarse a los ratios que les marcan para que el sector sea "rentable".

Yo no podía resignarme a esa realidad. Empecé a buscar soluciones, a hablar con el equipo, que al principio se mostró un poco reticente dado el estrés que comportaba su día a día y lo que este sobresfuerzo podría significar. A base de hablar, sensibilizar, de traer a la superficie todo aquello de lo que no se hablaba, se despertó la empatía y se implicaron todos. Los auxiliares, la médica, el enfermero, el asistente social, la fisioterapeuta, los conductores de la ambulancia... Y juntos conseguimos bajar a Amparo en camilla por la escalera desde la segunda planta hasta la silla de ruedas que la esperaba en la acera. Nunca olvidaré su cara al ver la calle. Esa sonrisa me acompaña hasta hoy y sé, porque aún mantenemos contacto, que a ellos también. Amparo tuvo sus paseos semanales con el esfuerzo de todos. Formamos un equipo motivado por bajarla cada miércoles, por humanizarla. Allí entendí la importancia del propósito. Teníamos, como equipo, un objetivo que nos trascendía, que nos empujaba y unía más que ninguna otra cosa.

El propósito tiene que ver con aquello que trasciende al trabajo en sí y que conecta con las aspiraciones.

Se ha hablado y escrito mucho acerca de la importancia del trabajo en equipo en las organizaciones. Se trata de un hecho inherente al ser humano, somos seres gregarios y tenemos necesidad de pertenencia. Sentirnos parte de un grupo con un objetivo común nos empodera. Trabajar en equipo es fundamental en una empresa, cuidar a las personas de ese equipo es clave y esto es algo que nadie pone en cuestión.

Pero del propósito se ha hablado menos, aunque cada vez está teniendo más relevancia para hacer que la relación entre las personas y las organizaciones sea un camino de largo recorrido y con buenos resultados para ambas partes.

El propósito tiene que ver con aquello que trasciende al trabajo en sí y que conecta con las aspiraciones. Un estudio realizado por LinkedIn llamado *Purpose at Work* lo revela como un factor fundamental para mejorar el compromiso. El estudio se refiere a los empleados, aunque desde la perspectiva propuesta en este libro, el propósito es compartido por todos los *stakeholders*, dado que se puede alentarlo dentro de la cultura empresarial y fomentar su impacto positivo en todos sus grupos de interés, profundizando las relaciones tanto dentro como fuera.

Otra ilustración de la idea del propósito tiene que ver con mi experiencia actual como responsable de asistencia familiar y atención al duelo de una compañía de seguros. Coordino un equipo de más de cincuenta personas cuya misión es orientar y acompañar a las familias cuando fallece un asegurado. Ellos son agentes de seguros y siempre estuvieron orientados a los aspectos burocráticos de la muerte con un perfil comercial. Cuando me incorporé, tanto la dirección como yo teníamos claro que ese no era el camino. Que aquí lo importante era enfocarnos en los aspectos emocionales de nuestra labor, ir de nuevo de la superficie a la profundidad. Teníamos todo lo necesario para inspirar con un propósito. Con esa idea clara, en el año 2014 creamos un Servicio de Asistencia al Duelo en el que pusimos el corazón de nuestra labor, desarrollamos formación por todo el territorio nacional para sensibilizar sobre el nuevo enfoque, les dimos herramientas para que ellos pudieran ofrecer respuesta a cuestiones emocionales que les plantearan las familias, desplegamos muchas acciones también a nivel de equipo, para trabajar la cohesión y la confianza. En definitiva, lo que hicimos durante todos estos años es generar un propósito y vincularnos a él. Hoy este grupo de personas conforman un equipo altamente motivado, consolidado, sensibilizado con la importancia de los aspectos emocionales, volcado en las familias que sufren. Para ellos ya no es importante la burocracia de su trabajo; tampoco lo es vender una póliza. Su misión es ayudar, su propósito es estar ahí cuando más los necesitan. Lo que los mueve y une es el porqué. Ahora desarrollan una labor asistencial enfocada en lo humano y no hay mejor labor comercial que un servicio que nos haga sentir cuidados.

En el pico de la pandemia, cuando los fallecidos se multiplicaban por cuatro en algunas zonas y las situaciones que tenían que enfrentar eran psicológicamente devastadoras, ese propósito no solo se puso a prueba, sino que salió fortalecido. Ahora más que nunca asumen que su trabajo tiene un sentido, una razón de ser, y conectan con él: acompañar a las personas en los momentos más duros. La gratificación que sienten al saber que estuvieron con esas familias que han padecido los efectos tan crueles del virus, sin poder despedirse de sus seres queridos, no es comparable con nada. Tenemos un propósito que hemos construido y alimentado, que nos da sentido como equipo y que nos trasciende como individuos. Eso, sin duda, repercute en el servicio que ofrecemos y en nuestro propio bienestar.

En el estudio de LinkedIn, el 37 % de sus usuarios a nivel mundial están orientados a propósitos. Este dato es una realidad en los 40 países encuestados y en los distintos sectores e industrias. Tanto es así que en países como Suecia, Alemania o Países Bajos, más del 50 % de trabajadores afirma priorizar el propósito en el terreno laboral más que el sueldo o el *status*. Este dato, aunque nos sorprenda, ya es tendencia y las empresas deben tomar nota.

Este proyecto propone incluir y trabajar el propósito en la cultura empresarial, ya que refuerza todas las áreas y sobre todo otorga sentido colectivo e individual. Este planteamiento puede hacer ganar en competitividad y resultados, a la vez que contribuye al bienestar de las personas, de la sociedad, y da valor a la huella humana que dejamos como organización. Sinek lo dice claramente: "La gente no compra lo que hacemos, compra el porqué de lo que hacemos".

Parte III. Facilitar el bienestar

Capítulo 7. De liderar a facilitar el bienestar

Hace ya tiempo que se puso de moda el concepto de liderazgo dentro de las empresas. Fue un enfoque innovador definir al tradicional jefe o jefa como aquella figura inspiradora que mantiene a los equipos motivados y cohesionados, con el objetivo de obtener mejores resultados. Se ha escrito mucho sobre el tema y se han elaborado diferentes clasificaciones de liderazgo según diversos criterios. Cada uno de ellos tiene sus características, pero el objetivo de todos es influir sobre el equipo para sacar el mayor rendimiento y ejecutar acciones alineadas con la organización.

En el modelo propuesto, donde la organización tiene un propósito que trasciende a la mera búsqueda de beneficios económicos, el concepto de líder que sobre todas las cosas, pretende mejorar el rendimiento del equipo, queda fuera de lugar, dado que el liderazgo siempre impone una jerarquía, y establece una relación de poder que no encaja en el enfoque planteado. De la misma manera que no se ajusta la expresión "Recursos Humanos", ya que los seres humanos nunca pueden ser considerados como un recurso.

Si la búsqueda última es el bienestar de las personas y jugar un rol activo en la transformación social, la propuesta es pasar de liderar a facilitar el bienestar.

Al igual que el *ikigai,* que no busca la felicidad pero la alcanza, el facilitador de bienestar no tiene el objetivo explícito de mejorar el rendimiento, pero un equipo feliz y cohesionado por un propósito que lo trasciende obtendrá, como consecuencia, mejor rendimiento.

Quien facilita el bienestar no es responsable de los resultados, sino de la gente que tiene el cometido de conseguirlos.

Un factor importante que debe atender también esta figura es el ambiente. Se puede poner a una buena persona en un entorno malo y actuará de forma negativa, y se puede hacer al revés, colocar a una persona que tiene comportamientos tóxicos en un contexto positivo, en el que se sienta escuchada y segura, en el que se confíe en ella, y esa persona será capaz de transformar su vida y convertirse en un miembro clave del equipo.

El ambiente es fundamental, se refiere a lo que somos capaces de fomentar en las personas con las que nos vinculamos. Las organizaciones aquí tienen un papel sustancial para generar esos entornos que potencien a las personas y puedan sacar lo mejor de ellas para conseguir mayor bienestar individual y del conjunto.

En este sentido, quien facilita el bienestar no es responsable de los resultados, sino de la gente que tiene el cometido de conseguirlos. Enfocándose en las personas y en el ambiente, los resultados llegan.

Hay muchos directivos que tienen autoridad funcional sobre un determinado equipo, pero no logran que los sigan, no generan confianza, no inspiran y no facilitan el bienestar. En cambio, hay otras personas que, a pesar de no tener rango en el organigrama, deciden cuidar a quienes la rodean y la gente las sigue a donde sea. Ahí está la verdadera responsabilidad del facilitador de bienestar, cuidar e inspirar a las personas con las que trabaja.

Quien desarrolle esta función tiene que tener una vocación clara de servicio, ser auténtica, poner el énfasis en los aspectos positivos, actuar en función de sus valores, ser ética, promover el compromiso, construir un propósito común y potenciar el sentido individual. Deberá, a su vez, preocuparse por la gente en todos los aspectos y estar enfocada en las relaciones más que en los objetivos. Eso sí, hay una característica que no tiene el facilitador de bienestar: el narcisismo, porque quien está centrado en sí mismo no puede poner el foco en los demás.

Una de las iniciativas que puse en marcha con mi equipo, disperso por todo el país, fue el proyecto *in situ*. El objetivo fundamental era valorar, en el terreno, los puntos fuertes y débiles de un servicio orientado directamente a las personas y detectar necesidades del propio grupo.

Así fue que abandoné mi oficina en Barcelona por varios meses y me dediqué a asistir a cada miembro del equipo en su día a día. Los acompañé en los servicios, no tuve horario, como ellos no tienen; recibí, como ellos, llamadas a cualquier hora de la madrugada, me recogían del hotel y emprendíamos el viaje. Recorrimos muchos kilómetros. Estuve con cada uno en su individualidad y al mismo tiempo entendí la sensación del equipo. Fue una experiencia única. No solo había detectado los puntos fuertes y débiles del servicio y las necesidades que tenían a nivel individual, trabajo que nos reportó mucha información para implementar mejoras; lo más importante fue el efecto que generó en el grupo el haber salido del despacho y haberme puesto a su lado. Me coloqué en su piel durante todos esos meses. Si tenía que tomar decisiones que afectaran a una actividad que se desarrollaba básicamente en la calle, en contacto directo con las personas, en unas circunstancias complejas, tenía que vivirla y sentir lo que aquellos que la realizan día a día sienten y necesitan. A partir de aquí, mi relación con todos y también con cada uno se profundizó, y el compromiso hacia el propósito compartido dio un paso de gigante. Para mí fue un gran aprendizaje y una experiencia reveladora.

Es primordial ir al terreno, conocer de primera mano las condiciones de quien está en primera línea de trabajo. Aquellas personas que, en definitiva, son la cara de la organización ante el cliente y la sociedad. A menudo, se toman decisiones en los despachos en base a números y cálculos. Resoluciones alejadas de la realidad y que, en ocasiones, perjudican al conjunto de personas que están en la base dando la cara por la empresa y por tanto, generando una cascada de emociones negativas, desafección, rabia, descontento, desánimo, decepción y falta de confianza. Esas emociones negativas no traen otra cosa que comportamientos perjudiciales tanto a nivel personal como del conjunto de la empresa y sin duda perjudicar a su imagen.

En este sentido, no podemos generar experiencias positivas hacia afuera si no las generamos primero hacia adentro. Es muy fácil: quien no se siente cuidado, no cuida.

En el contexto actual de crisis se habla mucho de los equipos remotos, de la dificultad que implica su gestión, y surgen diferentes modelos y enfoques para abordar esta nueva modalidad de trabajo. Y resulta que yo, aunque no era consciente, hace años que gestiono un equipo remoto de cincuenta personas, por lo que no tengo ninguna duda de que esta figura de facilitador de bienestar es clave, sobre todo en el contexto actual donde los equipos virtuales son una realidad cada vez más extendida, en la que no tenemos cerca a las personas y nos faltan muchas herramientas, especialmente de comunicación, con las cuales contamos en la modalidad presencial.

Pero hay algo que no es remoto y son las emociones. Por eso es fundamental establecer una visión y un propósito compartidos, promover una identidad colectiva, desarrollar seguridad psicológica, solucionar conflictos y no olvidar la individualidad. Los equipos tienen una identidad propia, pero están formados por individualidades que también deben cuidarse, porque el bienestar común no deviene sin el bienestar individual.

La persona a quien se le encomiende esta labor tiene que ser humilde, cercana, auténtica, promover la cooperación en lugar de la competencia, ser conciliadora y siempre estar dispuesta a ayudar. Es importante que manifieste afecto, que acepte sus errores, que sepa escuchar y reconocer el esfuerzo. Además, es indispensable que se trabaje emocionalmente, que se conozca y que aplique ese autoconocimiento para mejorar sus relaciones.

Como veis, no es un perfil fácil de encontrar porque la misión tampoco lo es, pero las habilidades necesarias para facilitar el bienestar de las personas se entrenan. Sobre la base de la vocación de servicio, todas las competencias para ser un facilitador de bienestar se pueden adquirir con formación y entrenamiento.

Itinerario que incluye, como base, el autoconocimiento y el autocuidado, ya que para poder facilitar el bienestar hay que sentirlo. Tenemos que estar bien; cuanto mejor estemos nosotros mejor estarán quienes nos rodean.

En los aviones siempre indican que, en caso de despresurización de la cabina, nos tenemos que colocar nosotros primero la mascarilla de oxígeno y luego ayudar a los demás a colocársela. De la misma manera, tenemos que cuidar primero de nosotros para poder cuidar a los demás, realizar un proceso de autoconocimiento para relacionarnos mejor, aprender a gestionar nuestras emociones porque no se puede inspirar con apatía, cuidar con estrés, ni activar el compromiso desde la desconfianza. Quien facilita el bienestar es quien sirve a las personas con las que trabaja. No lidera, facilita.

Capítulo 8. Pequeños gestos, grandes efectos

La clave está en hacer de las cosas simples
algo extraordinario.
Víctor Kuppers

A veces pensamos que la única forma de conseguir resultados extraordinarios es hacer cosas extraordinarias; y no digo que no pueda ser así, pero no siempre hace falta hacer cosas excepcionales para obtener un efecto increíble. Generalmente estas cosas pequeñas con consecuencias sorprendentes tienen que ver con las emociones, con nuestro lado más humano, el que muchas veces, en el ámbito del trabajo, está desenfocado, abandonado por la vorágine del día a día o simplemente porque prevalece la convicción de que otras cosas son más importantes. Sin embargo, en ocasiones descubrimos lo mucho que podemos generar con un simple gesto a través del cual expresamos que el otro nos importa.

Por ejemplo, cada año, cuando se acercan las fiestas de Navidad, recibimos una cantidad ingente de felicitaciones. Compañeros, proveedores, clientes, tarjetas, *e-mails*, mensajes, *whatsapps*... Uno tras otro y, salvo contadas excepciones, ninguno lleva siquiera nuestro nombre en el encabezado. Muchos de ellos son eliminados al instante y casi ninguno cumple la función con el que seguramente fue enviado. Son mensajes que acaban siendo una producción en cadena que nada tienen que ver con nosotros, que nos hacen sentir un destinatario más y que caen en el olvido casi instantáneamente. Cuando se acercaba la Navidad del año 2017 se me ocurrió una idea.

Dado que yo también, cada año, soy una destinataria de esas felicitaciones en serie, no quería repetir esa acción desangelada con las personas de mi equipo. Pensé en hacer algo que requiriera dedicarle un tiempo a cada uno y, a la vez, a todos. Recordemos que los equipos están formados por individualidades, y no podemos descuidar ninguna de las dos facetas, la grupal y la individual, ambas interconectadas.

Hice una lista con todos los nombres de pila, y pensé una palabra que me sugiriera cada persona. Solo una palabra que cada una en particular me despertara. Un ejercicio que parece sencillo, pero no lo es. Tuve que pensar en particular, remontarme a los momentos compartidos, a cada historia, a su personalidad, a su rol dentro del grupo, a sus aportaciones, a las circunstancias personales que podían haber atravesado ese año, mezclarlo todo y extraer una palabra que lo sintetizara. Al mismo tiempo tenía que ser una expresión que implicara apoyo, reconocimiento y que no generara recelo entre los demás miembros, ya que la idea era enviar un mismo *e-mail* a todo el equipo para que las palabras de unos inspiraran a otros.

Cuando las tuve, formulé un mensaje general, de aliento, de cercanía, de reconocimiento al trabajo conjunto, y lo puse como encabezado. A continuación la lista con sus nombres y la palabra elegida, aclarando que todos tenían un poco de cada una.

**Respondemos mucho más
a los estímulos que nos hacen sentir
que a los que nos hacen pensar.**

El aporte emocional de ese pequeño acto fue enorme. Se sintieron cuidados, reconocidos como equipo y como personas. Saben que aquello me llevó tiempo, dedicación y que ese tiempo era mi regalo. El compromiso creció y el propósito sumó un ladrillo más a su ardua construcción. Ya son siete años en los que, desde noviembre, destino parte de mi jornada a elaborar las felicitaciones personalizadas para todos. Son un balance del curso encerrado en un cóctel emocional que hace subir la autoestima, aporta identidad y sobre todo, genera bienestar.

Numerosos estudios señalan que, de todas las decisiones que tomamos, más del 80 % están basadas en las emociones, las cuales inundan nuestra vida. Somos personas y, como tales, seres emocionales. Respondemos mucho más a los estímulos que nos hacen sentir que a los que nos hacen pensar. En ocasiones, ese detalle que te acerca a la humanidad de otra persona consigue aquello que no se logró en interminables reuniones de trabajo. Una palabra cercana y auténtica puede motivar a una persona más que cualquier otra cosa. No en vano cada vez cobra más relevancia en las organizaciones el concepto de salario emocional.

De mi época en la Generalitat de Cataluña como orientadora profesional, guardo numerosos momentos y personas de las que aprendí mucho, pero recuerdo especialmente a Montse. Una mujer de 52 años que había trabajado toda su vida como administrativa en una empresa familiar. No tenía estudios, pero había aprendido todo lo necesario para realizar su trabajo con eficiencia. En plena crisis del 2008, la pequeña empresa cerró y ella se vio en la calle, sola, sin formación, con dos hijas, una hipoteca y un horizonte muy oscuro. Cuando la vi por primera vez estaba temblando. Su aspecto era descuidado, tenía la mirada perdida y con un hilo de voz me explicó que todo el mundo en la administración ya le había dicho que a su edad no volvería a encontrar trabajo. Le quedaban aún muchos años para jubilarse y su autoestima estaba por los suelos. No era para menos, y desgraciadamente Montse no fue la única.

Cuando estuvo en mi mesa no pensé en cuál era la técnica de orientación más adecuada o la intervención psicológica más oportuna para ese caso. Lo primero que hice fue cogerle la mano, empatizar con ella, abrazar su humanidad. Primero tenía que darle esperanza. Si perdemos la esperanza lo perdemos todo. Cuando sintió mi mano sobre la suya, levantó la mirada y esbozó una leve sonrisa. Le dije que no se preocupara, que la ayudaríamos a salir adelante. Estoy convencida de que ese sencillo gesto fue como una cuerda a la que agarrarse para salir del pozo y el motor de todo lo que vino luego. Empezamos entonces un proceso personalizado de orientación profesional. Hablé con todo el equipo y les pedí ayuda. Teníamos los dos años que dura la prestación por desempleo para conseguir que ella volviera al mercado de trabajo. Entre todos logramos que se apuntara a un programa que le convalidaba su experiencia laboral con un título académico y que se sacara los niveles de catalán e inglés que solían solicitar en algunos puestos de trabajo a los que estábamos orientándola. Solo con empezar los estudios, Montse era otra persona. Llegaba a la oficina contenta, ilusionada. Pensaba en la nueva vida que le esperaba y eso le daba fuerzas para levantarse cada día. Antes de que acabaran los dos años yo dejé la administración para volcarme en el reto profesional en el que estoy actualmente, pero aún guardo el mensaje que recibí de Montse al poco tiempo de marcharme: *"Ya tengo trabajo. Estoy feliz. Es verdad que lo he conseguido yo, pero no lo hubiera logrado sin vuestra ayuda. No os olvidaré nunca"*.

Esto es para mí trabajar con sentido. Estar orientada a las personas. Abrazarnos la humanidad los unos a los otros para hacer del mundo un lugar más amable y justo. Aquel día que llegó Montse a mi mesa era mi decisión estirarle mi mano o dejar que se hundiera. Hundirla era muy fácil, hubiera bastado con hacer mi trabajo profesionalmente sin que mi humanidad conectara con ella. Lo difícil era ponerme a su lado y, reconociendo que no era una situación fácil, darle esperanzas para que confiara en que las cosas podían cambiar.

Ese pequeño gesto de reconocer una emoción y empatizar con ella dio un giro extraordinario en la vida de una persona, que de quedarnos solo en el terreno profesional, por más perfecto que lo hubiera hecho, no se hubiese producido.

Capítulo 9. El reconocimiento como caricia psicológica

Una caricia es cualquier acto que implique
el reconocimiento de la existencia del otro.
Eric Berne

Claude Steiner, doctor en psicología nacido en París y discípulo de Eric Berne, creador del conocido Análisis Transaccional, fue un gran promotor de la educación emocional en todos los ámbitos y desarrolló una interesante hipótesis, la teoría de la economía de las caricias, según la cual, además de agua, calor y alimento, los humanos, para sobrevivir y desarrollarnos necesitamos caricias. Sin ellas moriríamos.

Los estímulos positivos o negativos que recibimos de los demás, que se pueden equiparar con las caricias, son determinantes en nuestra evolución como personas, y su ausencia puede ser devastadora. En el ámbito laboral esta caricia se traduce en una mirada, una sonrisa, un *feedback*, un signo de reconocimiento, cuya ausencia puede llevarnos a un malestar profundo, al estrés crónico, incluso a la depresión. Por eso justamente algunos acosadores laborales utilizan la técnica del aislamiento, de la limitación de la comunicación, la anulación del contacto social, en definitiva, privan de la caricia a la persona con unos efectos psicológicos tremendos.

Una lectura interesante de esta conjetura aplicada al mundo de las organizaciones es que muchas conductas disfuncionales en los equipos se pueden producir de manera inconsciente para llamar la atención de aquel de quien esperamos el reconocimiento que no llega.

Pero también podemos leer que el reconocimiento, la escucha, el cuidar, el dejar fluir, el dedicar tiempo al otro, son caricias que nos hacen sentir seguros, expresarnos, entregarnos y aportar cosas positivas.

Hoy sabemos que la falta de esas caricias son la causa de muchas patologías psicológicas que van en aumento en Occidente. Es que sin ese cuidado, ese trato amable, ese reconocimiento del otro como persona, no se satisface una necesidad fundamental que nos permite sentirnos bien, experimentar alegría, entusiasmo, desarrollarnos como seres humanos.

Ahora bien, los estudios han demostrado que no solo sufre quien no recibe las caricias; también sufre quien no las expresa. Una investigación realizada en la universidad de Stanford, dirigida por James Gross, concluye que no expresar las emociones conlleva un alto coste psicológico, social y de salud. El informe plantea que las personas que suprimen la expresión de las emociones suelen sufrir más estrés, ansiedad, tristeza y aislamiento. Por otra parte, la falta de expresión de las emociones se asocia a una baja inmunidad fisiológica.

La mayor parte de las cosas que hacemos es para sentirnos reconocidos, o lo que es lo mismo, queridos.

Partiendo de esta premisa —que todos los seres humanos necesitamos caricias para desarrollarnos— es una tremenda equivocación intentar que los equipos o las personas rindan más bajo un exceso de presión o de control. Puede que lo consigan a corto plazo, pero con el tiempo la disfunción será inevitable. Es mucho más inteligente buscar la excelencia basada en el bienestar del otro; si tú estás bien, yo estoy bien. Se trata de respetar, de dar confianza, de cuidar, y aquí es evidente que el reconocimiento cobra un papel fundamental como caricia psicológica en el ámbito del trabajo.

Cuidar también quiere decir reconocer. La mayor parte de las cosas que hacemos es para sentirnos reconocidos, o lo que es lo mismo, queridos.

En pleno pico de la pandemia del Covid-19 los fallecimientos se multiplicaron por cuatro en algunas provincias. Esa realidad puso a prueba nuestro Servicio de Asistencia Familiar y Atención al Duelo, y por supuesto al equipo, dedicado a asistir a las familias de los asegurados fallecidos. Sobre todo en las zonas en las que la pandemia golpeó con más fuerza, tuvieron que realizar esta labor tan delicada en una situación caótica, contener a los familiares, explicarles que no iban a poder despedir a su ser querido, gestionar tiempos que se alargaban irremediablemente, hablar una y otra vez con las funerarias desbordadas, y todo esto de forma telefónica porque ellos estaban, como casi todos, confinados. Fue una tarea de titanes, ellos en primera línea y nosotros, el resto del equipo, acompañándolos para que no decayeran, estando a su lado, siempre accesible para que nos sintieran cerca. Sufrimos un estrés emocional extraordinario que aún arrastramos, pero a pesar de estar desfallecidos, seguíamos movidos por el propósito que a todos nos empujaba: ayudar a esas familias que estaban siendo víctimas directas de este virus.

Cuando la situación comenzó a relajarse, con la colaboración de un compañero de comunicación y el apoyo constante de la dirección, empezamos a pensar cómo reconocer ese sobresfuerzo, esa tensión tan brutal vivida durante esos días. Además de brindarles a todos apoyo psicológico permanente, le propusimos a uno de los profesionales de Barcelona, una de las ciudades más castigadas por la pandemia, hacer una entrevista en la que compartiera cómo había vivido esa experiencia tan dura y al mismo tiempo única, lo que significó para él estar allí, cómo se había sentido. Era una entrevista que saldría en la publicación interna de la compañía, por la que la verían todos los miembros de la organización. Al principio fue algo reticente, dado que se trata de una persona reservada, de perfil bajo, y también poco habituado a expresar sus emociones. Finalmente aceptó y salió una entrevista extensa, profunda, en la que expresaba no solo los hechos como habían sido, sino las emociones que lo habían embargado en esa dura experiencia. A su vez, expresó su agradecimiento a todos sus compañeros y compañeras por el apoyo recibido. La publicación fue una de las más vistas del año y tuvo numerosos comentarios de parte de muchos miembros de la organización, poniendo en valor la labor de las personas a quienes les tocó afrontar la parte más amarga de esta pandemia, de manera tal que la acción se convirtió en un reconocimiento al trabajo y al esfuerzo de todos.

El protagonista de la historia, a quien como dije le cuesta expresar sus emociones, me envió unas palabras que literalmente transcribo, con su permiso, a continuación:

"Hace un momento he visto la entrevista. ¡Ahora sí que me he bloqueado y no me salen las palabras!

Me ha encantado, ha sido una enorme inyección de emoción y un empuje para seguir trabajando con más ganas. De hecho, ganas no me han faltado nunca, pero ahora menos todavía.

Gracias por haber pensado en mí para este proyecto; ahora sí que me encuentro más eufórico que nunca.

Lo mejor de todo es que para mi mujer y mis hijos, que estos días con el confinamiento han convivido conmigo más directamente mi trabajo, ver la entrevista y los agradecimientos ha sido todo un orgullo. Y voy a parar; si no, no voy a poder pasar por la puerta".

Al igual que las caricias a las que se refería Claude Steiner, el reconocimiento tiene un poder motivador inmenso, aporta al desarrollo profesional y, sobre todo, al crecimiento humano.

Parte IV. Trabajando las relaciones

Capítulo 10. De competir a cooperar

Alex Rovira, uno de los grandes formadores de directivos de España, plantea que la competencia es necesaria para nuestra propia excelencia, competir con nosotros mismos para superarnos. El objeto de competencia soy yo, no el otro. "Si te comparas siempre pierdes", dice.

Lo importante no es ser el mejor, sino ser distinto. Cada persona aporta cosas diferentes al conjunto y por eso debe ser reconocida. La comparación nos tiene que servir para dotarnos de excelencia, no para destruir al otro. Los equipos crecen cuando no hay luchas por ser el mejor, por conseguir más; se potencian cuando no hay narcisismos y vanidades. Todos tenemos que ir en una misma dirección, reconociendo nuestras diferencias y valorando lo positivo que aporta cada uno, no solo a la consecución de los objetivos, sino también a la forma de llegar a ellos, a la cohesión del grupo con su identidad psicológica, al propósito.

Recuerdo el día que uno de los miembros de mi equipo me comentó que se sentía desconectado del grupo porque su volumen de trabajo, dada la distribución de la cartera de negocio, era más reducido que el de la media. Por lo tanto, no lograba adquirir la experiencia que tenían sus compañeros y compañeras de otras zonas del territorio nacional. Sin embargo, gracias a sus conocimientos sobre las nuevas tecnologías y a su entusiasmo, siempre plantea iniciativas para mejorar las comunicaciones, dinamizar las reuniones virtuales, crear puntos para compartir información relevante para nuestra actividad y muchas otras cosas que alimentan al equipo desde otro punto de vista que no tiene que ver, al menos directamente, con los objetivos. Cuando me comentó su desaliento, seguramente estaba haciendo una lectura desde la perspectiva de la competencia con los demás, pero cuando le di mi punto de vista desde la cooperación y le expliqué que su aportación es única, diferente, y que nos hace crecer como equipo, su visión sobre el tema cambió radicalmente y su compromiso se fortaleció.

Promover la competencia entre los miembros de un equipo es contraproducente porque crea oponentes y no colaboradores.

Fomentar un ambiente competitivo es una estrategia que muchos líderes utilizan con el objetivo de conseguir buenos resultados o para no perder el control. Es el conocido "divide y vencerás". Pero esos ambientes provocan experiencias negativas y generan emociones y comportamientos nocivos. Promover la competencia entre los miembros de un equipo es contraproducente, porque crea oponentes y no colaboradores. En lugar de regirse por el "ganamos todos", se instala el "yo gano, tú pierdes", y eso es peligroso porque produce tensiones, desconfianza, rompe las relaciones interpersonales y, tarde o temprano, los resultados no serán los esperados. En realidad, esta es una cultura anti-equipo, que en lugar de cohesionar enfrenta a sus miembros.

Lo que funciona es generar confianza, identificar qué cosas buenas aporta cada persona al equipo, ponerlas en valor y potenciarlas, conseguir que todos las reconozcan y valoren sin sentirse amenazados. Reforzar el lugar único que tiene cada cual dentro del conjunto y promover que cooperen entre ellos es una tarea que requiere mucha habilidad, inteligencia, entrenamiento y sobre todo, un enfoque centrado en las personas.

Si tenemos puesto el foco en ellas, lo que más nos importa es generar bienestar, y por lo tanto lo que menos querremos es que los miembros de nuestros equipos compitan, ni que pongan en juego sus egos hasta anular al otro para sentirse vencedores. Lo que buscaremos es que cada persona coopere para el bien común.

Un equipo potente está formado por individualidades consolidadas, que confían en el resto y que están comprometidas con el propósito. La confianza no se puede desarrollar en un ambiente competitivo.

Hace unos meses viví uno de los momentos más representativos de lo que para mí es la cooperación. En una de las provincias con más volumen de casos, el servicio que brindamos se divide en quincenas. Los primeros quince días del mes los trabaja uno de los miembros del equipo y la segunda la trabaja el otro. Sus ingresos dependen del número de servicios que se produzcan en cada guardia. Cuando uno de ellos enfermó, le pidió —como es habitual— a su compañero que lo sustituyera, a lo que él accedió de muy buen grado. Ese mes el sustituto dobló sus ingresos y el que estaba enfermo no cobró nada. Cuando el que había estado enfermo se recuperó, el que hizo la sustitución, preocupado porque su compañero no había ingresado nada durante ese período dada su situación de salud, le propuso que hiciera el siguiente mes completo como compensación. Dicho de otra manera, le entregó su guardia para que, además del mal momento que estaba pasando, no tuviera que sufrir por un tema económico. Él no ganó nada ese mes, no dio lo que le sobraba, hizo un esfuerzo por ayudar a su compañero. Esa es la verdadera generosidad, la auténtica empatía, valores que fomentan la cooperación y que son impensables en un ambiente en el que se promueve la competencia. Cuando estamos forzados a competir podemos sacar lo peor de nosotros mismos, ya que inconscientemente, en lugar de dar lo mejor, nos protegemos porque nos sentimos amenazados, desconfiamos de quienes nos rodean. Se trata de un mecanismo de defensa. Confianza y competencia son dos conceptos que no pueden convivir.

Cuánto cambiarían las cosas si estas actitudes se multiplicaran en todos los niveles de las organizaciones y si la cooperación fuese una realidad también entre los diferentes departamentos de una misma empresa. ¡Quién no ha visto competir a departamentos o áreas como si fueran oponentes, como si no fuesen en el mismo barco…! Departamentos en ocasiones enfrentados, que cuidan celosamente su parcela, que no comparten información o boicotean proyectos interesantes para el conjunto simplemente porque no se generaron en su ámbito de actuación.

Cooperar es mucho más fructífero que competir. Cuando cooperas nadie gana ni pierde, solo hay ideas y entusiasmo, confianza y compromiso, bienestar común, ganancia para todos. Pero para emprender ese camino hay que dejar los egos fuera.

Capítulo 11. Comunicación emocionalmente responsable

No es nuevo hablar de la importancia que tiene la comunicación en las organizaciones. Hay mucho estudiado y escrito sobre el tema. Se habla de comunicación interna y externa. Se la clasifica en formal e informal, oral y escrita, ascendente, descendente, horizontal... También es considerada una habilidad directiva indispensable para la consecución de objetivos. Se la presenta como herramienta fundamental para que las organizaciones sean ágiles y eficaces. En fin, es un concepto recurrente y sin duda importante para el buen funcionamiento de una empresa o un equipo; sin embargo, no hablo aquí de un proceso de emisión y recepción de mensajes, sino a aquella enfocada en las personas, respetuosa con la emocionalidad de nuestro interlocutor o del destinatario del mensaje. Incluye aquella que se establece con un cliente, la que ofrece el *call center* a los colaboradores, la que tenemos entre compañeros o con personas de diferentes responsabilidades funcionales, que puede ser oral o escrita, telefónica o presencial.

Lo que se plantea en este modelo es una comunicación emocionalmente responsable, lo que implica poner en práctica la empatía, saber a quién nos estamos dirigiendo, reconocer la situación en la que se encuentra esa persona y orientar tanto la forma como el contenido del mensaje a su individualidad, a sus circunstancias. Se trata, en definitiva, de humanizar esta acción para generar experiencias positivas que produzcan emociones saludables, y que a su vez generen comportamientos de bienestar.

En cuanto a las comunicaciones escritas, hay dos niveles de análisis para humanizarlas, uno de la forma y otro del contenido.

De mi experiencia en la humanización de esta modalidad comunicativa, concluyo que lo importante cuando comunicamos algo por escrito es sobre todo empatizar. Como no se trata de una acción presencial, cara a cara, es una práctica que nos cuesta más, pero debemos hacer el ejercicio de preguntarnos qué sentirá la persona que recibirá nuestro mensaje.

Otro punto importante es tener claro qué es lo que queremos informar y qué lo que queremos transmitir —que no es lo mismo—, y pueden interferir en el objetivo de la comunicación. En definitiva, no perder nunca de vista a la persona, tener siempre presente que nuestro mensaje será recibido por alguien, y que tendrá un impacto emocional, por lo que cuanto más sensible sea su contenido más cuidado hay que tener al redactarlo.

Un mismo escrito expresado de manera distinta puede marcar la diferencia entre herir gravemente la autoestima y dignidad de una persona o predisponerla a aceptar una información, aunque sea negativa. No siempre podemos evitar dar una mala noticia, pero sí que podemos cambiar la forma de hacerlo siendo responsables con las emociones de las personas receptoras. Para ello he desarrollado un procedimiento llamado "humanización de la comunicación escrita".

Lo mismo pasa con la atención telefónica. Es fundamental el entrenamiento en comunicación emocionalmente responsable de quienes atienden al cliente, a los colaboradores y a cualquier persona vinculada a la organización. Quien atiende el teléfono tiene una gran responsabilidad, dado que muchas veces constituye el primer contacto que se establece con la compañía. No podemos descuidar el movimiento emocional que se produce en ese canal de comunicación.

Debajo de cada emoción subyace una necesidad. Por lo tanto, descubriendo la emoción sabremos qué necesidad hay. Es importante conocer en qué situación está la persona que nos llama para identificar qué siente. Teniendo esta información detectaremos qué necesita y podremos dar una respuesta adecuada en cada caso. Si conocemos que la situación es de incertidumbre, podremos deducir que la persona está desorientada, y alguien que está en esas circunstancias necesita certezas, orientación. Ese es el mecanismo que hay que activar para dar una atención telefónica emocionalmente responsable.

Debemos tener en cuenta que en la comunicación telefónica carecemos del lenguaje no verbal, que implica el 55 % del impacto que genera un mensaje. Por lo tanto nos queda un 45 %, de los cuales solo el 7 % se refiere al contenido y el 38 % restante lo tiene la voz. Por ello es fundamental entrenar la habilidad de influir positivamente en las emociones a través del tono, la cadencia, el volumen, las pausas y el ritmo de la voz.

En cuanto a la comunicación presencial, una de las claves de la comunicación emocional es enfocarse en comunicar lo bueno. Potenciar lo positivo que conocemos del otro y nunca juzgar. Entender que todos tenemos nuestra forma de ver el mundo, nuestra manera particular de enfrentar las mismas cosas, nuestro modo individual y único de interpretar la realidad, nuestros constructos psicológicos, nuestra personalidad. Y en este punto volvemos a la importancia de conocernos, identificar lo que sentimos, cómo vivimos determinadas circunstancias, cómo reaccionamos a los diferentes estímulos.

Es clave detectar nuestras emociones y tener la inteligencia para controlarlas y orientarlas a una comunicación constructiva que no persiga desacreditar a nuestro interlocutor ni ganarle una batalla.

Se trata de comprendernos, de escuchar atentamente a los demás para poder vincularnos a su emoción. La buena comunicación nace de la escucha activa.

Para llegar ahí tenemos que volver a mirar a un punto importante, la confianza. Donde no se promueve la confianza todos se perciben como oponentes, y en ese terreno defensivo es imposible que la comunicación emocional fluya.

En un escenario de desconfianza nadie se muestra tal cual es. Por lo tanto, se pierde un elemento básico para una comunicación emocionalmente responsable, la autenticidad.

Capítulo 12. La confianza como piedra angular

*Entre las cualidades esenciales del espíritu humano
está la confianza en uno mismo
y el crear confianza en los demás.*
Mahatma Gandhi

La confianza constituye la base de toda relación social sana y es siempre bidireccional, mutua. Si yo confío en ti, tú confiarás en mí; si no confío en ti, es difícil que tú confíes en mí.

Este circuito empieza dentro de cada persona, con la seguridad en uno mismo, y se proyecta hacia afuera. El temor y los conflictos nacen de la desconfianza porque hace que se vivan los vínculos como una amenaza, y sobre esos cimientos no es posible construir lazos duraderos, auténticos y sanos.

Confiar es un verbo que está en el corazón de las relaciones humanas, y las organizaciones están formadas por un tejido relacional amplio hilado por todas las personas con las que se vincula y que tenemos que cuidar. Un entramado complejo interconectado hacia adentro pero también hacia afuera, de manera que no podemos enfocarnos solo en una parte. Ambos entornos, el afuera y el adentro, se influyen, y por ello es fundamental generar confianza en las dos direcciones.

La ausencia de confianza
genera relaciones frágiles y quebradizas, la desconfianza las vuelve tóxicas y destructivas.

Por ejemplo, si confiamos en las personas que trabajan en la organización y este hecho genera un clima de trabajo positivo, comprometido y cercano, muchas personas querrán trabajar en ella, lo cual repercutirá en su imagen hacia el exterior, los proveedores y colaboradores aumentarán su orgullo de pertenencia y los clientes confiarán más en los servicios o productos que ofrece la compañía. Todo está relacionado, y si sabemos ordenarlo y potenciarlo, crearemos un magnífico círculo virtuoso, una rueda de bienestar imparable.

Para aumentar la confianza en el día a día y consolidarla es fundamental mejorar la comunicación, aprender a delegar, ser transparentes, aceptar críticas constructivas y asumir nuestros errores. Es un trabajo permanente, que requiere de una firme determinación, de una conciencia constante de nuestras acciones como personas y de nuestras decisiones como organización. Se trata de cumplir con las promesas, asumir los compromisos adquiridos y ser coherentes. Es un acuerdo de respeto muto. Su ausencia genera relaciones frágiles y quebradizas, la desconfianza las vuelve tóxicas y destructivas.

En cambio, si una persona u organización te inspira confianza sientes que se preocupará de las cosas que te importan, que tendrá en cuenta tus inquietudes, que le interesas de verdad, y por lo tanto depositará en ti sus expectativas, sus deseos e incluso sus temores en una relación que ofrece seguridad.

La acción de delegar, por ejemplo, es una evidencia clara. Quien no delega es porque cree que nadie hará las cosas como él. Necesita tener el control de la situación y eso le impide poner la confianza en otros, que de tenerla seguro crecerían en su compromiso.

En este sentido también es importante trabajar la confianza propia. Porque se trata de una cadena; si no confío en mí, me siento amenazado por el otro y no le entrego lo que interpreto como poder. Si confío en mí generaré acciones transformadoras, y en lugar de centrarme en el control querré ampliar mis perspectivas de posibilidades, y para eso tendré que confiar en los demás.

Si trabajamos nuestra autoestima, la seguridad en nosotros mismos, no viviremos a nadie como una amenaza y encontraremos en el mundo exterior personas en la que confiar, con quienes formar un equipo, una organización a la que sea un orgullo pertenecer.

"Haz en ti los cambios que quieres ver en el mundo", decía Gandhi. Solo cambiando dentro podemos cambiar el afuera.

Capítulo 13. Relaciones saludables

Si leemos cualquier estudio en el que se analizan las características que debe tener una relación para ser sana, en todos encontramos los mismos elementos: se tratan con respeto, se habla abiertamente de lo que piensan y sienten, muestran su vulnerabilidad sin miedo, se escuchan entre sí, se apoyan y nunca se critican, además de celebrar juntos los logros personales y también los comunes.

Estas características de una relación sana dentro del ámbito personal, puede trasladarse perfectamente al terreno de una organización. En este sentido, cabría preguntarnos si en las relaciones de nuestro entorno laboral nos sentimos apoyados, escuchados y libres para expresarnos. Al mismo tiempo deberíamos reflexionar sobre nuestro propio comportamiento en relación a los demás. Preguntarnos si escuchamos lo suficiente, si nos interesamos por los otros, si criticamos, si hacemos sacrificios por alguien o por la propia empresa, si respetamos a quienes nos rodean.

Según mi experiencia profesional, en ocasiones las personas no se sienten ni valoradas, ni apoyadas, ni reconocidas, y tampoco escuchadas. Muchas veces callan lo que quieren decir o lo que sienten, y ese silencio genera malestar, provoca efectos negativos. Lo que suele hacer la gente es sacarlo y comentarlo con quien tiene más confianza. Así, el contagio de las emociones negativas es muy rápido, y una vez instalada la desconfianza, el compromiso se esfuma y es muy difícil volver atrás.

Por eso son tan importantes los conceptos que hemos analizado hasta aquí. Hemos hablado de la cultura de la cooperación, del propósito, de la comunicación emocionalmente responsable, de la fuerza del reconocimiento, de la confianza, de los pequeños gestos que tienen enormes consecuencias, del enfoque centrado en las personas... Todos estos conceptos son el terreno que hay que cultivar para que crezcan relaciones saludables en la organización. Es impensable reconocer el trabajo de alguien sin respetarlo, cooperar sin apoyar al otro, comunicarnos teniendo en cuenta la emocionalidad de nuestro interlocutor sin escucharlo atentamente, y no imagino compartir un propósito con un equipo en el que no confío.

Las relaciones saludables en la organización constituyen un valor único que hay que cultivar. Para ello es fundamental estar enfocados en el bienestar de las personas y tener los conocimientos necesarios para detectar aquellos perfiles que pueden ayudarnos a tejer relaciones saludables duraderas y aquellos que necesitarán más esfuerzo y atención.

Los egos, por ejemplo, son un elemento nocivo a la hora de construir relaciones sanas. Quien únicamente piensa en sí mismo, crea ambientes de competitividad y provoca desconfianza. Las personalidades narcisistas ansían llevarse todos los méritos, necesitan ser siempre el centro de atención y requieren un reconocimiento constante. Cuando no lo obtienen pueden sabotear al equipo creando un clima poco productivo y asfixiante, hasta el punto de apagar la motivación y la iniciativa del resto.

Aunque suelen ser muy proactivas, estas personalidades tienen un comportamiento a menudo irracional, que tensiona las relaciones y puede afectar gravemente a la salud emocional de todos. Por este motivo es importante contar con las herramientas necesarias para gestionarlas, dado que también son personas que sufren un gran desgaste.

A pesar de que hay varios estudios, como el llevado a cabo por la Universidad de Illinois y publicado en la revista *Psychological Science*, que indican que el perfil narcisista se está reduciendo en los últimos años dada la evolución de liderazgo transformacional, de perfil humanista, no podemos dejar de estar atentos a aquellos rasgos que dificultan las relaciones saludables en la organización y realizar con ellos un trabajo específico, dado que si se enfocan de manera adecuada pueden ser piezas claves para el equipo.

También hay perfiles que facilitan las relaciones saludables, como aquel que siempre está dispuesto a ayudar, a escuchar, que tiene espíritu de servicio y que pone al conjunto por delante de las propias aspiraciones.

El optimismo, la alegría y las emociones positivas son elementos interesantes y necesarios, pero no suficientes si lo que queremos es crear un sistema relacional emocionalmente saludable.

Desde la perspectiva de Carl Jung, las personas nacemos con unas determinadas preferencias que nos hacen percibir el mismo escenario de manera diferente, lo que influye directamente en el éxito que tendremos al relacionarnos.

> **Conocer y entender nuestro tipo de personalidad y el de las personas que nos rodean nos permite relacionarnos de manera más sana y eficiente.**

Según su teoría, la forma en que canalizamos nuestra energía, lo que percibimos del entorno y lo que valoramos para tomar decisiones, depende de esas preferencias y genera un tipo de personalidad. Existen herramientas que nos ayudan a conocer esas preferencias y entender con profundidad nuestro comportamiento y el de los demás.

Conocer y entender nuestro tipo de personalidad y el de las personas que nos rodean, nos permite relacionarnos de una manera más sana y eficiente, además de ampliar la perspectiva, entendiendo nuestra propia mirada y la de los demás.

En todas las relaciones hay puntos en común y desacuerdos. La naturaleza humana nos lleva a expresar nuestras ideas y a debatir. Esto en sí mismo no es malo; todo lo contrario, si se sabe llevar es muy positivo para el crecimiento personal y el enriquecimiento mutuo. Por ello, saber cómo enfocar los conflictos interpersonales es tan importante, y en este sentido, las herramientas que exploran la personalidad nos dan las claves para analizar el porqué de los comportamientos y valorar las diferentes perspectivas.

Para construir relaciones sanas tanto en la organización como en la vida, no podemos quedarnos en la superficie. Tenemos que ir a la profundidad de la cuestión, al porqué de los comportamientos. Es sustancial entender los diferentes mecanismos psicológicos que cada persona pone en marcha ante las mismas situaciones, y ese aprendizaje no se consigue de un día para el otro. Estamos hablando de un cambio profundo y estable que comporta una transformación cultural, un camino que requiere educación psicológica y entrenamiento continuos.

Las relaciones interpersonales saludables generan confianza y seguridad, promueven lazos duraderos, provocan bienestar y son fundamentales para la felicidad de las personas y las organizaciones.

Parte V. El modelo UBE

Capítulo 14. Unidad de Bienestar Emocional

La pregunta no es quién me lo va a permitir,
sino quién va a detenerme.
Ayn Rand

La propuesta es crear una Unidad de Bienestar Emocional (UBE). Un departamento dentro de la estructura organizacional cuyo objetivo es el desarrollo de iniciativas orientadas a la salud y el bienestar emocional de todas las personas vinculadas a la empresa, ya sean clientes, empleados o colaboradores.

La misión de la Unidad de Bienestar Emocional es imprimir valor emocional a todos y cada uno de los procesos y servicios que se desarrollan.

La misión de esta unidad es imprimir valor emocional a cada uno de los procesos y servicios que se desarrollan, sobre todo en aquellos que tienen contacto directo con personas. Actúa de forma transversal en los diferentes ámbitos de trabajo y en las distintas modalidades de comunicación: escrita, telefónica, virtual y presencial, tanto interna como externa, y vela por la coherencia constante de las acciones de la compañía con sus valores y su propósito, potenciando el enfoque emocional como elemento de impacto directo en la salud y como eje vertebrador de un proceso profundo de humanización de la organización.

Destinatarios

Si bien algunas empresas ya están trabajando en la línea del bienestar emocional y la humanización, lo cierto es que lo hacen en determinados departamentos: se quiere humanizar el trato al paciente, la gestión de los Recursos Humanos o la experiencia del cliente, pero la UBE tiene una visión global.

> **Una organización no es solo su plantilla,**
> **ni solo sus clientes,**
> **ni solo sus colaboradores y colaboradoras;**
> **se trata de un sistema vivo e interconectado.**

Lo que el modelo plantea es llegar a todas las personas vinculadas a la empresa, a todos los *stakeholders*. Una organización no es solo sus empleados, ni solo sus clientes, ni solo sus colaboradores y colaboradoras; se trata de un sistema vivo e interconectado en el que todas las interacciones tienen sus consecuencias y de una forma u otra fluyen por todo el universo organizacional. Por lo tanto, los destinatarios de este proyecto, directa o indirectamente, son todas las personas vinculadas a la compañía, todos sus grupos de interés.

Líneas de actuación

Las líneas de actuación para conseguir el ambicioso objetivo de generar una gran rueda de bienestar emocional y lograr que la organización se distinga por su calidad humana, son tres, encabezadas por tres verbos. Los verbos implican acción, movimiento, y todo cambio requiere movernos, actuar.

Cuidar, Entrenar y Acompañar. Tres líneas de actuación de un modelo holístico y transversal: la Unidad de Bienestar Emocional.

La primera línea es **Cuidar**, cuidar el equilibrio emocional de las personas; la segunda es **Entrenar**, preparar en la gestión de las emociones, y la tercera es **Acompañar** a las diferentes áreas y departamentos de la organización en todo lo relacionado con temas emocionales.

Cuidar

Esta línea de actuación implica cuidar el equilibrio emocional de todas las personas vinculadas a la organización ofreciendo asistencia y orientación psicológica.

¿Qué objetivo tiene esta línea de actuación?

Ya que somos un todo interconectado, el objetivo de esta línea de actuación es cuidar el equilibrio emocional de las personas de forma holística, y si este se ve afectado por una situación vital compleja como una separación, una enfermedad, la pérdida de un ser querido o cualquier otra que impacte de manera significativa en la vida personal o profesional, ayudar a restaurarlo pronto y con la menor afectación posible.

¿Cómo cuidar?

Poniendo en marcha, por un lado, un servicio de Asistencia Psicológica y Atención al Duelo tanto presencial como *online*, al que tengan acceso todas las personas que lo necesiten. Se trata de que cualquier persona vinculada a la organización que tenga una necesidad de orientación psicológica/emocional encuentre en ella una respuesta. Por otro lado, también se desarrollarán grupos GAM, que son espacios para compartir una misma problemática, situación o experiencia. Se trata de una metodología incluida dentro del programa de intervención familiar de salud mental de España, con altísimos índices de efectividad.

¿A quién va dirigida?

La atención psicológica y los GAM van dirigidos a todas las personas vinculadas a la empresa, es decir, los tres destinatarios del proyecto: empleados, clientes y colaboradores. Esta línea de actuación, por su carácter estable y transversal, ejercerá de resorte permanente del proceso de humanización llevado a cabo por la UBE.

¿Qué efectos tendrá esta medida?

Las situaciones de alta complejidad vital implican una gran permeabilidad emocional, lo que significa que toda intervención que se realice en ese momento tendrá un gran impacto positivo. Si conseguimos reducir el efecto negativo producido por la situación y restaurar el equilibrio de la persona, consolidaremos su vínculo con la organización, pero sobre todo habremos ayudado a alguien a adaptarse a una situación difícil, lo cual ya es argumento suficiente para llevarlo a cabo.

Acciones:

- Asistencia Psicológica. Presencial y *online*.
- Atención al duelo y enfermedades graves. Presencial y *online*.
- Orientación y asesoramiento psicológico en crisis. *Online*.
- Creación de Grupos GAM.

Un caso para Cuidar

Como ejemplo de lo que sería una intervención de la línea Cuidar, os traigo el caso de Antonio, un empleado de una empresa de telecomunicaciones. Está muy preocupado porque su hijo pequeño tiene alteraciones graves de conducta, lo cual le afecta a sus relaciones, su desempeño en la escuela y la dinámica familiar. Tanto él como su mujer no saben cómo abordar la situación ni tampoco a quién dirigirse para que los oriente. Recibe constantes llamadas del centro educativo pero no acaban de ayudarlos a resolver la situación. Como dijimos antes, las emociones generan comportamientos y las que embargan a Antonio son muy negativas, lo cual impactará en su conducta en el entorno laboral. Probablemente estará más callado, pendiente del móvil, reacio a interactuar con sus compañeros. Puede estar irritable y con dificultades para concentrarse. Esta conducta evidentemente lo afectará a él, pero también a su rendimiento y al clima del equipo. En este caso no podemos prevenir ni cambiar la vivencia, porque se trata de una situación del ámbito privado, pero sí que podemos activar la línea de actuación Cuidar y que Antonio y su familia tengan la ayuda psicológica y la orientación especializada que necesitan para restaurar su equilibrio y el clima emocional de todo su entorno.

Entrenar

La segunda línea de actuación es Entrenar. Preparar a las personas para que desarrollen una buena gestión emocional, que consiste en saber regular y expresar las propias emociones y comprender las de los demás para construir relaciones saludables. En este sentido, un primer paso será crear un Catálogo de Principios orientado a la salud emocional y un Manual de Relaciones Saludables, basado en ese catálogo de principios, que dará las pautas necesarias para crear unas relaciones emocionalmente sanas. El corazón de esta línea de actuación será el entrenamiento en Inteligencia Emocional y la Educación Psicológica, con el objetivo de desarrollar las competencias necesarias para poner en práctica ese Manual de Relaciones Saludables.

¿Qué objetivo tiene?

El objetivo fundamental de esta línea es crear un modelo relacional propio que tenga como eje las relaciones saludables, principio fundamental del bienestar emocional. Para ello es necesario generar espacios de trabajo emocional que potencien una buena comunicación entre las personas, compañeros, clientes, proveedores, colaboradores, y entre departamentos y áreas, fortaleciendo así los vínculos y las capacidades para afrontar las situaciones adversas que nos plantea la realidad en cualquier grupo humano.

¿Cómo entrenar?

Lo que se propone es elaborar un Manual de Relaciones Saludables basado en un catálogo de principios. Este Manual nacerá del acuerdo entre todas las personas de la organización. Se trata de especificar unas pautas de relación a todos los niveles, en cualquier modalidad y en cualquier dirección, hacia adentro y hacia afuera. Será el libro de humanización de todas las relaciones de la empresa que se deberá consensuar, enseñar y poner en práctica.

De ese manual se desprenderán unas competencias y se desplegará un plan de entrenamiento para adquirirlas de forma efectiva y permanente. Las habilidades que se entrenarán serán, entre otras: la comunicación, la asertividad, la empatía y la inteligencia emocional, enfocándose tanto en las modalidades de atención presencial, telefónica y escrita. Se llevarán a cabo talleres y sesiones de entrenamiento por colectivos, atendiendo a las necesidades particulares de cada uno. El plan formativo y de entrenamiento no se realizará de forma puntual, no hablamos de un curso o taller. Se trata de un proceso profundo, a largo plazo y de revisión constante.

También se crearán grupos Balint, utilizados por equipos de alto rendimiento como el FCB, en los que se comparten experiencias del día a día y se ponen sobre la mesa las emociones derivadas de ellas. Es un espacio único de seguridad psicológica para preguntar al otro el porqué de sus acciones, dialogar, comunicarnos desde la emoción y dejar fuera las presuposiciones de lo que piensan los demás. Se trata de un análisis continuo de los procesos emocionales del equipo que cumple una doble función: preventiva y también de mejora, ya que permite realizar ajustes sobre la marcha. Implica traer a la superficie aquello que, desde las profundidades, generan efectos muchas veces nocivos tanto para la persona como para el conjunto. Una metodología eficaz para analizar las variables humanas que interfieren en el trabajo.

Este método, utilizado con frecuencia para mejorar la relación médico-paciente, fue puesto en práctica por los profesionales sanitarios en el pico de la pandemia del Covid-19, dado que funciona como un *reset* emocional, tiende puentes, nos ayuda a comunicarnos desde nuestra humanidad y a dialogar, elementos claves de unas relaciones interpersonales sanas.

¿A quién va dirigido?

Esta línea de actuación, si bien va dirigida de forma directa a empleados y empleadas, las acciones que se realicen tendrán un efecto positivo en la atención al cliente y en el trato con todas las personas vinculadas a la organización.

¿Qué efectos tendría?

Nos comportamos según las emociones que experimentamos, y muchas veces esos comportamientos son consecuencia de su mala gestión, con lo cual el entrenamiento para saber gestionarlas mejorará la comunicación interna entre compañeros, entre los diferentes niveles de la compañía, se reducirán los conflictos, disminuirá el nivel de estrés, mejorará el clima laboral, influirá muy positivamente en el cliente y vinculará emocionalmente a los colaboradores a la organización.

Acciones:

- Redacción de un Catálogo de Principios Emocionales.
- Elaboración de un Manual de Relaciones Saludables.
- Planes de entrenamiento en inteligencia emocional, comunicación emocionalmente responsable, atención telefónica y presencial humanizada.
- Entrenamiento para Facilitadores de Bienestar.
- Programas de Educación Psicológica.
- Creación de Grupos Balint.
- Programas de Construcción del propósito. Aunque se abordará el tema del propósito en esta línea específicamente, será un tema a trabajar a nivel transversal por todas las líneas de actuación y con foco en todos los destinatarios de las acciones.

Un caso para entrenar

Como ejemplo de lo que podría ser una intervención de la línea Entrenar tenemos a Susana, una clienta de una compañía de seguros que va a su sucursal a solicitar autorización para una prueba que le prescribió su médico. Está nerviosa, porque sabe que es un estudio que suelen indicar para descartar patologías graves. La persona que la atiende, sin apenas levantar la mirada, le indica que esa prueba no está cubierta por su póliza. No le da ninguna explicación, tampoco opciones, y no manifiesta ningún interés por su situación. ¿Qué emociones tendrá Susana después de esta vivencia? Seguramente se sentirá decepcionada, desamparada y abandonada por su compañía. Al final tendrá un sentimiento de injusticia y vendrá la rabia. ¿Qué hará Susana con eso que siente? ¿Qué comportamientos causarán esas emociones? Seguramente ella comentará lo vivido con todo su entorno, hablará mal de la compañía y evidentemente no la recomendará. Susana habrá perdido la confianza, valorará ofertas de otras compañías y, si alguna la convence, marchará.

La idea es que con la UBE estas cosas no sucedan, pero no solamente con el cliente, sino en ningún tipo de relación en la organización. A través del entrenamiento en habilidades y el seguimiento del Manual de Relaciones Saludables conseguiremos que toda interacción en la empresa sea respetuosa con las emociones de las personas. En este caso, una sola mirada empática, una propuesta alternativa de solución a la necesidad planteada por la clienta, hubieran marcado la diferencia entre un impacto emocional negativo y uno positivo. Aunque para eso es necesario una dirección convencida, un proceso de sensibilización, unos principios a seguir y un entrenamiento adecuado.

Acompañar

La tercera línea de actuación es Acompañar. Consiste en dar respuestas y apoyo a cuestiones del ámbito emocional a cualquier área o departamento de la organización que lo requiera.

¿Qué objetivo tiene?

Ofrecer soluciones a cuestiones emocionales planteadas en cualquier entorno de la organización. Todos los departamentos de la compañía trabajan con personas. Los procesos y servicios empiezan con una persona —los empleados— y acaban en otra —el cliente—. En medio hay más personas, y donde hay personas hay emociones y la necesidad de abordarlas adecuadamente. Este modelo propone que exista un departamento al que pueda acudir cualquier persona a buscar soluciones emocionales.

¿Cómo acompañar?

El Proyecto UBE propone diseñar paquetes de servicios emocionales pensados para los diferentes ámbitos de la organización y otros elaborados de forma específica para situaciones concretas que se puedan plantear en cada entorno de trabajo. En esta línea también se propone el acompañamiento en la toma de decisiones que puedan tener un alto impacto emocional.

¿A quién va dirigido?

Aunque va dirigido de forma directa a los departamentos de la compañía, las acciones que se pongan en marcha en esta línea repercutirán en el Bienestar Emocional de las personas implicadas y también en su ámbito de influencia.

Una carta con una noticia de contenido sensible cuyo destinatario es un cliente o un colaborador que pase por la óptica humanizada de la UBE, ayudará a que el impacto negativo sea menor, por lo que el cliente o el colaborador se convierten en destinatarios indirectos de la acción.

La UBE puede acompañar, por ejemplo, al departamento de RRHH en mediación de conflictos, en temas relacionados con el salario emocional, en cuestiones de prevención de riesgos psicosociales o en la definición de competencias emocionales para los diferentes perfiles. Puede acompañar también realizando un observatorio del estrés, desarrollando un sistema que permita la valoración, el registro, almacenamiento, monitoreo y divulgación de información relacionada con el nivel de estrés de los miembros de la organización con cuyos datos se puedan poner en marcha acciones al respecto.

Puede acompañar al departamento comercial en formaciones relacionadas con las emociones en el proceso de venta. Diseñar paquetes específicos por campañas y productos. Puede también poner en marcha planes para Cuidar a la red comercial, tan importante en cualquier organización.

Se puede acompañar en la humanización de las comunicaciones en las diferentes áreas de la organización, en todas sus modalidades y canales.

La UBE puede acompañar a los departamentos relacionados con la Responsabilidad Social, creando un Observatorio de los Valores y la Coherencia. Todo lo que se percibe como incoherente genera desafección y desconfianza. Es fundamental velar por esa coherencia entre lo que la organización predica y lo que hace, para no poner en juego la confianza.

La forma de acompañar a los departamentos y áreas de una organización en temas relacionados con la gestión de las emociones es muy amplia, y dependerá de las características de la empresa, su tamaño, su cultura, sus valores, sus prioridades, su misión y su propósito.

Un caso para acompañar

Como ejemplo de lo que podría ser una intervención de la línea Acompañar, tenemos a Cristina, una fisioterapeuta que lleva veinte años colaborando en un centro de fisioterapia de implantación nacional. Un día recibe una carta de la compañía en la que le informan que a final de año dejarán de contar con ella. En la carta no explican los motivos de dicha decisión y tampoco le agradecen los servicios prestados durante tantos años. Cristina, aunque es una profesional autónoma que no forma parte de la plantilla de la empresa, se siente muy vinculada a ella; tiene allí afectos, una historia.

¿Qué siente Cristina al recibir esta carta tan fría e impersonal de la empresa en la que trabaja hace tantos años? Primero se siente desconcertada, no entiende lo que pasa. Luego pensará en sus pacientes, a quienes ya no podrá visitar, y se angustiará. Finalmente vendrá la decepción y también la rabia, no solo por la decisión de la organización, sino por las formas de hacerlo.

¿Qué comportamientos generarán estas emociones? Por descontado, Cristina comentará la experiencia con todas las personas de su entorno profesional y personal, con las consecuencias que eso conlleva, pero además —seguramente— contactará con los pacientes que atiende en el centro, que también son suyos, dado que tiene con ellos una confianza forjada durante años, y además de explicar su rabia por el trato recibido, intentará llevárselos a su consulta privada.

Desde la línea Acompañar de la UBE, posiblemente no se hubiese podido influir en la decisión tomada por la compañía, pero seguro que se hubiera acompañado al departamento correspondiente a gestionar esta situación de manera tal, que tuviese el menor impacto emocional negativo, evitando así, por otro lado, una posible crisis reputacional y de imagen en el sector y en la sociedad. En este caso, el acompañamiento, hubiera consistido en un proceso de humanización de la comunicación escrita.

Acompañar es colaborar con otras áreas de la organización en la gestión emocional de cualquier situación o decisiones que impliquen aspectos humanos.

Estas líneas de actuación —Cuidar, Entrenar y Acompañar— tienen el objetivo común de humanizar cada contacto y crear un efecto cascada que lo impregne todo de bienestar.

Potenciar las emociones positivas que genera la organización en personas con las que se relaciona, y analizar las negativas para desarrollar acciones que tiendan al equilibrio y al Bienestar Emocional, tendrá el efecto multiplicador de ganar confianza y compromiso a largo plazo.

Estructura

En cuanto a la estructura de la UBE, dependerá en gran medida de las características de cada organización, pero el planteamiento fundamental es que se trata de una unidad independiente, que no está adscrita a ningún departamento ni área, ya que, justamente, es un órgano transversal que no tiene que asociarse a nada más que a las personas y a la gestión de las emociones y debe ser percibida como un apoyo para toda la compañía en este ámbito.

La Unidad de Bienestar Emocional es una estructura transversal y funcionalmente independiente.
Debe ser entendida como una unidad de apoyo.

La propuesta establece un núcleo de trabajo formado por especialistas de la psicología del que pueden formar parte también miembros de áreas claves de la compañía que estén en contacto con personas. Este núcleo será quien dirija y coordine todo lo relativo a la UBE, pero para que no se perciba como un concepto abstracto, alejado de la realidad, es preciso que se viva en el día a día, en primera línea, y para ello el modelo propone crear la figura del Agente de Bienestar Emocional, que estaría localizado en cada sucursal o delegación —si las hubiera— en un espacio que llamaremos Punto de Bienestar Emocional.

Esta figura será quien detecte las necesidades emocionales de su entorno de trabajo y hará de interlocutor con la UBE central. Fundamentalmente, el Agente de Bienestar

Emocional hará de anclaje del concepto en cada territorio para conseguir calar en toda la organización y promover el cambio cultural.

Para cada proyecto concreto se formarán equipos multidisciplinares con miembros de los departamentos y áreas implicados, encabezados por el o la responsable de la línea de actuación en la que se esté trabajando.

Efectos de la UBE

Cuidando el bienestar emocional de las personas vinculadas a la empresa, entrenando la capacidad de gestionar las emociones para construir vínculos sanos y acompañando a todos los departamentos de la compañía en procesos de complejidad emocional, conseguiremos generar un clima de bienestar generalizado que vinculará más al cliente, a los empleados y a los colaboradores. Estaremos construyendo una potente herramienta competitiva a largo plazo, aumentando la percepción de coherencia, logrando mayor motivación, compromiso y, por lo tanto, aumento del rendimiento. Además, incrementaremos el flujo de interacciones con los clientes y con los colaboradores, mejorará el clima emocional, aumentará la confianza y la capacidad de crear y retener talento.

Aumentaremos los niveles de satisfacción en general, porque los impactos emocionales positivos que genera nuestra organización en todos sus círculos de influencia crecerán significativa y constantemente.

Fases de implementación

Las fases de la puesta en marcha de la UBE son:

Diagnóstico: primero se tiene que hacer un diagnóstico de la situación, que consiste en un estudio que identifique las emociones que, como organización, estamos generando en las personas, y de aquí obtendremos un mapa emocional de la empresa.

Sensibilización: el segundo paso, y con el mapa emocional en mano, es realizar una campaña de sensibilización sobre la importancia del enfoque emocional en la gestión de la organización. El porqué del proyecto y su alcance.

Construcción: con un panorama claro de la situación, se procederá a conformar la UBE. Es importante que en este núcleo, si se pudiera, y dependiendo del tamaño de la organización, haya un profesional por línea de actuación.

- **Red de Agentes de Bienestar Emocional**: una vez constituida la UBE, pasamos a la ardua labor, si la organización lo requiere, de crear la red de Agentes de Bienestar Emocional en todas las delegaciones.

- **Diseño de acciones:** en este momento estaríamos en condiciones de empezar a proyectar las acciones por líneas de actuación. Esta proyección se puede hacer por fases completas, lo que implicaría un avance potente por cada línea de actuación, o de forma transversal, diseñando una sola acción por vez en las tres líneas, lo cual nos llevaría a avanzar de un modo uniforme, ir identificando márgenes de mejora en todos los ángulos e ir corrigiendo sobre la marcha si fuese necesario.

Recordemos que las acciones no son estáticas, pueden ir cambiando, sumándose, restándose... Lo importante es que respondan a un mismo modelo que las englobe y potencie. El diseño transversal es muy adecuado, ya que muchas de las acciones se pueden vincular a pesar de estar en diferentes líneas.

- **Despliegue y puesta en marcha:** esta fase implica que la UBE empieza a funcionar en su totalidad. Aquí iniciamos el camino que nos llevará a que identifiquen nuestra organización como un referente de Bienestar Emocional.

La Unidad de Bienestar Emocional es flexible en cuanto a sus acciones, dado que se trata de un órgano que debe adaptarse a las diversas situaciones que puedan plantearse en la vida de una organización, amortiguando los impactos emocionales negativos y potenciando los positivos para fomentar la resiliencia.

Lo importante es que todas las acciones que tengan que ver con la esfera emocional y psicológica de las personas queden enmarcadas dentro de una misma estrategia que las potencie.

También puede poner en marcha mecanismos concretos de emergencia emocional con el despliegue de acciones específicas para afrontar situaciones críticas, como a la que nos enfrenta la pandemia del Covid-19.

En este sentido, la UBE propone el **Espacio AntiCovid,** cuyo objetivo es atender las necesidades emocionales generadas a raíz de la pandemia. Se trata de un espacio de actividades y recursos para mejorar el bienestar emocional y que trabaja en tres líneas:

Espacio AntiCovid

Facilitadores de Bienestar

El semáforo emocional. Entrenamiento dirigido a directores/as y responsables de equipo, cuyo objetivo es que tengan las herramientas para detectar situaciones de estrés o ansiedad en los colaboradores

Las emociones no son remotas. Entrenamiento dirigido a directores/as y responsables de equipo para gestionar emocionalmente los equipos virtuales.

Equipos

Equipos anticovid-19. Acciones de gamificación para mantener la cohesión de los equipos en tiempos de trabajo a distancia.

Todos los grupos de interés

Duelo y pérdida. Asistencia psicológica dirigida a toda persona vinculada a la organización que esté sufriendo personalmente o en su entorno afectivo la enfermedad o la pérdida de un ser querido a causa del coronavirus

Gestión emocional. Asistencia psicológica dirigida a toda persona vinculada a la organización con el objetivo de brindar herramientas que ayuden a gestionar estrés, ansiedad, depresión o cualquier situación derivada de la crisis sanitaria.

Vivir en familia. Talleres dirigidos a cualquier persona vinculada a la organización, interesada en adquirir herramientas para gestionar mejor las nuevas dinámicas de convivencia, que faciliten formas de relacionarnos que nos permitan afrontar los nuevos retos que se plantean: convivencia continuada, espacios reducidos, trabajo a distancia, acompañar a los niños y niñas en las clases a distancia, conciliación familiar y desconexión, entre otros aspectos

Nuestros mayores. Talleres dirigidos a todos los grupos de interés con el objetivo de ofrecer herramientas para gestionar la relación de distanciamiento que nos imponen las medidas de contención del virus con los más vulnerables mayores solos o en residencias, cómo acompañarlos desde la distancia.

Punto de urgencia emocional. Dirigido a todos los departamentos de la compañía y a todos los grupos de interés. El objetivo es prestar atención permanente para dar respuesta a cualquier necesidad personal o de cualquier área de la empresa, relacionada con aspectos psicológicos y emocionales.

A medida que la situación epidemiológica vaya cambiando, la UBE y el **Espacio AntiCovid** se irán adaptando a las nuevas necesidades emocionales que vayan surgiendo, poniendo en marcha las acciones oportunas para darles las respuestas adecuadas.

Epílogo

Una sociedad crece cuando las personas plantan árboles
a cuya sombra saben que jamás se sentarán.
Proverbio griego

Soy consciente de que la propuesta constituye un reto complejo que requiere, sobre todo, un profundo convencimiento, pero también recursos, consenso, compromiso, esfuerzo y tiempo, ya que se trata de un proceso y no de una acción aislada.

Un modelo que implica trabajar en profundidad para llevar a cabo un cambio cultural que, una vez implantado, no requiera ni sensibilización ni entrenamiento. Que ser una empresa humana que cuida las emociones de las personas esté en el ADN de la organización y que se la reconozca por ello.

Si hablamos de equipos, los conceptos planteados se pueden aplicar desde hoy mismo: es una postura existencial la de convertir nuestra pequeña parte del mundo en un sitio más agradable para vivir. Pensar que hay otros que importan nos lleva a humanizar nuestra actividad y eso repercute en el servicio que ofrecemos. Cuidar desde adentro hacia afuera.

El científico Howard Gardner afirma que "una mala persona nunca puede llegar a ser un buen profesional. Puede tener pericia técnica, pero nunca llegará a la excelencia". La excelencia no tiene que ver con satisfacer nuestros egos, avaricias o ambiciones; la excelencia implica un compromiso que va más allá de las propias necesidades para servir a las de todos.

Puede parecer una quimera, pero los progresos nacen de sueños que parecen inalcanzables, y sin progreso no podemos pensar en un futuro mejor en el que las personas estén siempre primero.

Como decía Eduardo Galeano, "la utopía está en el horizonte. Cuando camino dos pasos, ella se aleja dos pasos y el horizonte se mueve diez pasos más allá. Entonces, ¿para qué sirve la utopía? Para eso: sirve para caminar".

Bibliografía

La Revolución Emocional. Imma Puig. . Conecta. 2019.

El hombre en busca de sentido. Víctor Frankl. Herder. 2004.

Los cuatro acuerdos. Miguel Ruiz. Urano. 2011.

El secreto de las zonas azules. Dan Buettner. Vintage Español. 2015.

Samurai: el que lidera sirviendo. Enric Lladó. Kolima. 2019.

Las personas primero. Xavier Escales. Plataforma Empresas. 2017.

Vivir la vida con sentido. Víctor Küppers. Plataforma actual. 2016.

Educación emocional. Claude Steiner. Punto de lectura. 1997.

Empieza por el porqué. Simon Sinek. Empresa activa. 2009.

Arquetipos e inconsciente colectivos. Carl Gustav Jung. Paidós. 2009.

Working Happy. Txell Costa. Ediciones invisibles. 2018.

EDITATUM

Libros para crecer

www.editatum.com